U0068200

作 者

謝其章

蠹魚篇

小言

我一直想出一本繁體字的書，前幾年這個願望差點兒得逞，那是《創刊號風景》熱銷之時，編輯説有海外出版社有購此書版權的意向，讓我很是高興了一段時間，結果當然是沒結果。我喜歡繁體字，可是直排的書我老看串列，所以我想折衷一下，繁體橫排，像在電腦上碼字似的，繁簡由你轉換，但有一點得小心，轉換後你得校一遍，譬如「古人云」你的意思是古人説，簡轉繁就成了「古人雲」。現在再有機會出繁體字書，我要感謝助成此事的朋友。

這個書名是早就想好的。有的字用簡體很不好看，譬如《創刊號風景》的「創」，「風」字還好。後來的《創刊號剪影》書名在我的強烈要求下採用了繁體（只限於封面），遂成為我書中封面最佳者。「蠹魚」繁簡差別不大，所以我一直惦記用作書名。還有一個想法也是在胸中積了很久，為的是當初尋找四十年代上海出的一本書《蠹魚篇》，費了太多的氣力太久的時間，如今我使用這個「蠹魚篇」，既有對二十年淘舊書生活的回顧，亦含終篇之意，總不能再把時間盤桓於斯，生活中還有別的事可作。

2009年1月5日於北京老虎尾巴

生死書叢似蠹魚

形容愛書人癡情有許多詞，我偏愛「蠹魚」一詞。終於有機會把蠹魚用到自己的書名，也顧不上貼切不貼切了。米裏生蟲，從小就知道，不單單是米，凡吃物，擱久了皆生蟲。有時侯屋裏飛來飛去的那些疑似蚊子的「不明飛行物」，可能就是提醒你某食品悄悄地在旮旯變質了。後來才知道書也生蟲，這蟲兒有叫蠹蟲的，也有叫銀魚的，昆蟲學家謂之：Cranbus Pinguinalis。關於這些專以食書為生的蟲兒，很有一些品種，國外的藏書家在這方面比我方研究得深入細緻，我們只是覺得用蟲兒作書名很好玩。黃裳年輕時寫過一篇關於藏書的長文《蠹魚篇》，發表在淪陷時期

《蠹魚篇》一九四三年初版本書影。

上海的一本叫《古今》的文史刊物，後來《古今》雜誌社將該刊的一些談藏書的文章匯總出了一本書，書名就叫《蠹魚篇》，1943年此書出版，四十年後黃裳又想到為自己一本在北京出的書取名《銀魚集》，四十功名塵與土，上海北京雲和月。黃裳説：「能夠想出來的嵌進一個書字的書名恐怕已為他人用盡了……因此想書名也成了一件困難的事。這裏用一個《銀魚集》的名目，也無非是偷懶取巧的方法。古時讀書人對蛀食書籍的小蟲抱著複雜的感情，一方面是痛恨，但另一方面也很羨慕。據説有的蟲三次吃掉了書葉裏的『神仙』字樣，自己也就化為神仙，這就是『脈望』。真是值得羨慕的蟲子。」沙流河先生有一個專欄叫「書魚知小」，開篇之作名為《蠹魚的美化》，引用了兩句詩，「一條美麗的紅金魚／從《水經注》裏遊出來。」（王辛笛）另一句是臺灣詩人王慶麟五十年代的《曬書》──「一條美麗的銀蠹魚／從《水經注》裏遊出來。」沙流河點評：「小王改易老五兩字，添上標題《曬書》，堪稱點化，尤妙。」金魚是不會吃書的，銀魚蠹魚都吃書。前幾天一位古書朋友告訴我，蠹魚吃書是豎著吃，書裏面一個一個垂直的洞即蠹魚所為；銀魚吃書是橫著爬著吃，書裏如果是蛇行似的蛀跡那是銀魚所為。不知道這位朋友是從那裏聽來的或看來的，還是從實踐中考察得來？我是第一次聽説。余光中1957年寫過一篇《蠹魚的自傳》：「伏居在《煉獄》的二零六和二零七頁之間／靜靜地啃齧著但丁的靈魂／我是一尾食屍的扁銀魚／從誕生過美神的愛琴海游泳到義大利／古老的世界黴腐了，我寂寞──唉唉，菲基尼的沉船，希臘的斷柱／無人回答的斯芬克獅，尼羅河的落日／特羅伊的古戰場／海倫房中織魚網的蜘蛛。／直到有一個響朗朗的晴天，倉皇地／我自《煉獄》中泳入二十世紀的夏／我目眩！／一個詩人捕住了我，且殺我／於他的拇指和食指之間。」余光中把蠹魚和銀魚混為一談了。英國詩人朵拉斯頓《書的敵人》矛頭直指蠹魚銀魚──「一種

最忙碌的小蟲／能夠損壞最精美的書／將它們咬成許多小洞／他們
洞穿每一頁／但絲毫不知其中的價值／也從不顧念及此。」《四庫
全書》總纂官紀曉嵐，曾經自題一聯：「浮沉宦海如鷗鳥，生死書叢
似蠹魚。」世上愛作官的人很是不少，世上愛書的人也不在少數。
三十年代的優雅的詩人卞之琳給愛書人描繪了一幅美景──「我仿
佛一所小樓，風吹過，柳絮穿過，燕子穿過像穿梭，樓中也許有珍
本，書頁給銀魚穿織。」（《白螺殼》）我心甘情願放縱自己化為故
紙堆中的書蠹，啃食方塊漢字一意孤行將書葉洞穿築巢於此廝守到
底。

2006年初夏於老虎尾巴

目次

蠹魚篇

中國舊書上的眉批

買到舊書之後，隨手寫幾句感想在書的空白處，對這麼件小事，錢鍾書先生卻有高論：「但是，世界上還有一種人。他們覺得看書的目的，並不是為了寫批評或介紹。他們有一種業餘消遣者的隨便和從容，他們不慌不忙地瀏覽，每到有什麼意見，他們隨手在書邊的空白上注幾個字，寫一個問號或感嘆號，像中國舊書上的眉批，外國書裏的marginalia。這種零星隨感並非他們對於整部書的結論。」（《寫在人生邊上》序）下面即是我最近的零星隨感。

《漫畫漫話》封面。（一九三五年，上海）

一、《漫畫漫話》（1937年）與《譯文》（1935年）

這幾年的三月，中國書店報刊門市，都要舉辦舊期刊舊畫報及老報紙的展賣，好像已成為一年一度廟會那樣必辦的事情了。我自己於橫二條門市所獲老版雜誌，沒做過細緻的統計，但可以這麼講，如自鄙藏中剔除橫二條所得之部分，那麼剩下的貨色就失去了大部份的光彩，於此諸般不宜，真是不能少算了此店。去年此店換了經理，價格亦翻了一番不止，且不給熟客打折了，近乎討飯口吻，至多抹個零頭，本已喪失殆盡之自尊，亦只剩了零頭。這回展賣，趙兄先於晚報知曉並及時通告我不妨先去一步。至今我已去了三趟，第一趟尚未正式，只得一冊《漫畫漫話》，內有張春橋文；第二趟花大銀得大收穫，暫且不表；第三趟人煙滅絕，只我一人，於架上得《譯文》合訂本，此書早先即在架上，無暇顧及，今遍翻上下裏外無所得，聊取此書是以不虛此行也。歸後修整，以舊紙重裝，樣子尚説得過去就不必興師動眾了。

2008年3月21日夜記

二、《林海雪原》1958年作家出版社

《林海雪原》是我少年時代最愛讀，也是讀得最細的一本小説，從頭到尾都讀了，幾乎每個細節都記憶至今。貧困的少年時代再已不回來了，我現在的年齡四倍於年少時耳，真是可怕之極，真是不堪回首，那又能怎麼樣，日子還得一天一天的過下去，直到永久黑暗的盡頭。我記不得當年是從誰的手裏借來這本小説讀的，

是先看的小人書還是直接讀的原著，無從憶起，更記不得看的是哪一版的《林海雪原》，封面是什麼樣，一切都渺無線索。直到有一天，在潘家園舊書攤，老柯得到一冊老版《林海雪原》，竟然還是帶插圖的，我才如夢方醒——這書找起來遠非易事。更早一些時候，我在隆福寺修綆堂一塊錢買了一本很破的，感覺就是這事先起個頭。接下來又得了幾本——當然必須是老版的了。近來又得知這書除了已有的兩種封面以外，還有一種灰茫茫畫得很滿的封面，三種比較，灰而滿這種最有味道——它將林海的莽蒼感置於雪原的廣袤感之上，尤獲我心。另外兩種，一種突出雪原，另一種持平均主義最不好看。待我誠心稱意尋找這第三種封面了，它好像消失了，它是初版本的封面，可是老柯說插圖本不在初版裏，是在一個小三十二開本裏，它藏的很隱蔽，只有在外文版此書裏能看到。前向終於得此書初版本，封面就是我想要的，可惜書品有點問題，另裝了個硬殼，書面少了垂直的一公分的邊，書脊也看不到。先有了再說，以此為起點，插圖本會找到的，比這本書品好的也會找到的，但願這一天不要來的太遲，謝謝。

2008年4月5日夜寫

三、《文抄》金性堯著，1944年北平新民印書館

此冊小書來歷頗曲折也，先前求諸作者，稱劫後片甲不留也。後於廠肆書市見龍江兄淘得一本，當時我們都熱衷搜羅這類舊書，誰得一本別人都會也想得一本，書友間攀比人之常情也。此後很久未見此書露面，作者的另一本書《風土小記》卻幾乎人手一冊了。前年舊書市見艾俊川友得此書，無封面無版權頁，價五十元，艾問

我如何，我説可買，他説聽謝老師的就買了。今春在拍賣會又見到艾，隨口提到此書，他説送給你吧。不好意思白要人家東西，遂回送以董橋《白描》精裝本，書既到手，裝補尤劣，殊難入藏，今日於作坊裝訂《宇宙風》時順便請工人切齊三邊，稍可入目也。

2008年4月8日記

今晚散步突有一想法，請中國書店呂志強寫個《文抄》書名，用毛筆字，他的工楷我認可。《文抄》趕上缺紙的年代，字跡印得渾不清楚，知堂的老人的書多有與此同時期者卻沒這麼差的，窮境亦因人而異也。

4月19日又記

《古今小說》閒話

說來已是上世紀的舊事了，好像很遠的傷感。今夜想到為這書寫點閒話，是因了前兩天自網上拍得《古今小說》的第一卷《珍珠衫》，還是金鑲玉的本子，一查，有可能是1947年商務印書館的本子，不然1955年的重印本值得金鑲玉嗎？說來，就是四七年的也不夠資格，那紙離拾不起個兒還遠呢。及至書到手，確實了是1947年的書，馬上與舊藏對，倒是舊的紙白，重印的紙黃。寒舍原存《古今小說》（1955年文學古籍刊行社）是帶函套的線裝鉛印本，小本，一函六冊，另有一附冊是嚴敦易寫的「《古今小說》四十篇的撰述時代」和「《古今小說》所表現的和反映的」兩篇文章，含有導讀的意思。

我當年買後在函套裏面寫有一段話「一九九一年五月二十六日上午去海王村尋書，鍾（師傅）給找來一部分偵探類閒書，我自己尋得此《古今小說》，厭其插圖集中於前，託李師傅改裝一下按回目插圖，還『插』字本意，要工價人民幣十元。六月一日上午交表無誤之後遂去取書並購袁中郎全集，乃坊間次本。歸來細細翻閱深感線裝書之美。」一年後，在這段話下面，又寫了幾句「去年自上海歸，再去海王村，幾次不見李師傅，一問才知死了，就那麼離去了，人亡書在，心裏別有一種滋味。一九九二年五月十七日記。」

一年後，我把關於1955年版《古今小說》的資料抄在函套的另一面「據中華書局《古籍目錄》304頁著錄，此書僅印2,000部，售價7元7角2分。本書原為明代天許齋刻本，日本內閣文庫收藏，1947年商務印書館用拍自日本內閣文庫藏本的照片為底本，並以日本尊經閣藏別本校勘，排印出版。古籍刊行社即用這份紙型校訂重印。一九九三年五月九日夜鈔。」今天得金鑲玉本，有暇把這段話重查了一下，五五版的「出版說明」是這樣寫的「原書為明代天許齋刻本，日本內閣文庫收藏，1947年常熟王氏以所攝照片並據日本尊經閣藏別本校定，交由上海涵芬樓排印出版，我們現在即用這份紙型加以校訂重印。」這與《古籍目錄》有幾處不同，常熟王氏即王古魯先生，很有名的版本專家，當年（三十年代）若不是他去日本歷經周折拍了那麼多流失於日本的中國珍本古書照片，很多古代小說我們看得到看不到還難說呢。我藏有一冊舊雜誌，1941年在南京出版的，裏面有王古魯先生的文章〈攝取日本所藏中國舊刻小說書影經過志略〉，王古魯在日本共攝書一百一十餘種（多為古小說）計2,017頁，《古今小說》赫然在目，下注一行字「內閣文庫藏初刻」。王古魯先生在文章裏很詳細地敘說拍攝圖書遇到的種種困難，看到這，就算是四七的本子，也夠金玉一鑲了，我們自己的古書，只有到異國他鄉拍了照才可以回歸，人家如果不讓拍，我們還就真的永遠沒法看到，所以說，說到《古今小說》，不提王古魯先生，很不夠意思。

說說我的老虎尾巴

「老虎尾巴」是魯迅在北京西三條舊居時的一間小屋，因形制特別，故得此名，這個小掌故我原以為上過學的都知道，有一回某報某記者光臨寒舍，名為採訪，實為聊天，見了報就算採訪記，沒見報即是後者，聊天中我說我的這一小間擱書的小屋私底下也叫「老虎尾巴」，記者不解，我就把魯迅的這個著名小掌故給她講了一遍，自以為她聽明白了，可是，一見報，魯迅的老虎尾巴跑到上海去了，上海是亭子間天下聞名（魯迅沒住過亭子間），滿擰，我一猜這位女記者就沒好好讀過魯迅，不怪她，語文考試中沒考過這道選擇題：魯迅的老虎尾巴在北京還是在上海？據《從魯迅遺物認識魯迅》講：「值得一提的是，1928年前後，魯迅的母親為了擴大自己的居室，曾將她的房間（北房東間）的後牆往後推移，與老虎尾巴的後牆相連接，因從後院看，已看不出拖在後面的老虎尾巴的原貌了。六十年後（案，是否指1988年？）魯迅博物館經請示上級才恢復尾巴的原樣。」

我妻在家中行三，深受父母寵愛，住房條件卻是四個孩子中最差的，這一直是她父母的一塊心病，必去之而後快。所以當住房寬裕的妻的大哥又買了一套某小區的住房時，一次緊急家庭會議馬上召開了，最後的決議是家庭內部調劑一下，小區的新房讓我們先住，新房不住人，沒「人氣」，衰敗得也快。

決議公佈的第二天，我們就急不可待地去看房。小區是全國優秀樣板小區，1994年建成，綠化十分好，光樹種就有二十幾個，花木扶疏，草地茵茵。樓房錯落有致，都是五、六層高、頂層是複式結構。「金三銀四」，我們的房子是三層，大臥15米、小臥12米、廳16米，廚房衛生間也是90年代的水平。廳的北面還有一間7平方米的小隔間，一般人家都將其與廳打通，變為一個大客廳。我卻用來做「書房」。平生喜歡魯迅先生故居的「老虎尾巴」書房，敢掠先生之美，私下裏也叫我的書房「老虎尾巴」，形式上也確實有相似的地方。魯迅的「老虎尾巴」面積8平方米、屋高2.5米，特別是把窗戶開在北牆，首先是採光好。魯迅説：「北窗的光，上、下午沒有什麼變化，不像朝東的上午要曬太陽，朝西的下午要曬太陽。開北窗，在東壁下的桌子上下午都可以寫作、閱讀，不至於損害目力。」「老虎尾巴」窗外是一塊小園，魯迅〈秋夜〉起首名句「在我的後園可以看見牆外有兩株樹，一株是棗樹，還有一株也是棗樹。」而我的「老虎尾巴」窗外正對著小區的花園，一片郁郁蔥蔥，風景這邊獨好。寫累了，抬眼望，看看綠色，心中又泛起一絲愛國之情。

我過去住平房時，學會了做木工活，自學的，業餘水平，沒拜過師也沒考過級，據專業的講，四級木工考試的標準是半天做一把椅子，椅子看著簡單，其實技術難度很高，榫卯多是斜的，而且椅子對牢固性要求高，坐上晃來晃去沒兩天散了再摔著人了不成。我沒做過椅子，我做的都是榫卯結構橫平豎直的家什，第一把是凳子，再後是床頭櫃，再後是酒櫃，再後是組合床，結婚用的即為此床，還做過沙發，再後就是寫字桌，書櫃了。我做木工，自己設計樣式，有過很好的創意。前美國總統卡特也是木工愛好者，人家設施太齊備了，有專門的作坊，還有電動工具，我是比不了的，還有一問題，住平房在院裏敲敲打打還不算擾民，住樓房就大不行了，

一點動靜，樓下就敲管子，我也碰過極有涵養的（反過來說我就太沒涵養了），曾經樓下住的是著名書法家楊萱庭，他寫超大的榜書很出名，李大釗碑文是他寫的，我住他樓上時做過沙發，寫字桌，書櫃，而且都是晚上下班做，歷時數年，他居然一聲不吭，後來還是對門提醒的我：你聽聽這動靜在晚上多撼人心魄。

我書房的照片。

從那以後，我再沒做過一件傢俱，木工傢伙兒亦刀槍入庫，手邊留的僅是一把小鋸（俗稱開樺鋸），修修補補的小活用得著，刨聲，鑿聲，鋸聲，敲打聲，相比之下，鋸聲應該是噪音中較能容忍的。老虎尾巴的佈局如下──北窗兩扇，窗下自製寫字桌一，桌面有如下文房：墨水瓶，鋼筆鉛筆圓珠筆，膠水，鎮紙，平尺，耳挖勺，剪指甲刀，四十瓦臺燈，友人來函未覆者，匯款收據，備忘錄，檯曆，零錢，壁紙刀，老花鏡，放大鏡，軍用望遠鏡（極目楚天舒，非偷窺品）。書桌抽屜二，內有：日記本，購書本，發稿本，房契，身

份證，存摺，初版本《流言》，香皂，密秘，手帕。東西兩牆，西牆光明牌書櫃一，八十年代購，價六百元，此櫃上下兩部分，上部玻璃門四扇，下部不是玻璃門，可容納書籍約五百冊，鄙藏中有關書的書皆於此櫃，另外較少見的精裝本亦藏於此櫃，精裝書的展示性不容置疑，下部放有鄙著，周作人著作初版本，剪報本，小中學成績冊，夜大畢業證書，各種證書，早期照片底片，家庭相冊，均井然有序，體現齋主的條理性。東牆乃自製書架，前說小鋸就幹了此工程，用得是釘子，用了釘子就不是木匠活了，鄙稱「釘活」，書架五層，下層山水牌音響一架，主聽瞎子阿炳的二泉映月及良宵，臺面是門板改用，放置電話，常用工具書，新購未讀書，手電筒，計算器，三層置常用書，四層置舊報紙，早年間集郵冊，常年不看的線裝書，巨型畫冊，老畫報，莫到瓊樓最高層，再上就是灰了塵了，與梁思成、林徽因的應縣木塔大樑上摸的那把灰差不多，積厚難返。

「覓照記」讀後

1994 年6月23日，中科院文研所卓如研究員在楊義的《中國新文學圖志》的「推薦意見書」中說「全書有文一百餘題，圖五百多幅，均為原版書刊複製的畫面。這些原始材料，讀者已很難見到，因而具有文物價值和收藏價值。」還說「本書的作者，以圖文結合，由圖說史，別開生面，是一種新的嘗試。」意見書末了，又說「由於插圖多，印製難度大，建議給予出版補助。」十幾年時間，許多事情發生了變化，圖文書成了潮流，很有一些過去沒圖的書重新加上圖，「搖身一變」叫人以為是本新書，最近的一例是李楠的《晚清，民國上海小報研究》（2005年9月初版「貓頭鷹學術文叢」之一），沒圖，我在書評中還不無遺憾地說「如果說這本書還有什麼缺陷的話，或者說還有什麼可擴充的空間的話，插圖（小報書影）的缺席，無疑影響了讀者的閱讀興趣，不能認為這本書是學術性的專業書就可以完全忽視圖片的作用，二十年代戈公振的《中國報學史》就沒有忘記插圖，數量多而且有的是彩圖。此類書最適宜作「圖文書」（當前當然須注意圖與文的比例，謹防「過猶不及」），一點不給「圖」的位置，會失掉相當一部分讀者的。」前幾天逛書店，突然看見李楠著《晚清民國時期上海小報（插圖本）》（2006年9月第一版），同一出版社，前後僅隔一年，均稱「第一版」，書名變了幾個字，內容一模一樣，後一本加了一百

多幅圖（出版社管這叫「上海小報老照片」，不對，不是照片，明顯是複印件），就這樣，兩本我都買了。此事啟發了我一個想法，一本書先不出帶圖的（能帶也先不帶），看看動靜如何，再出帶圖的，一魚兩吃，效益最大化。

上面是話引子，現回到本題。「覓照記」是范伯群新著《中國現代通俗文學史》（北京大學出版社2007年1月第1版）的後記，之所以把「後記」單拎出來説事，容我細談。沒見到書之前，我還以為此書與原來那本《中國近現代通俗文學史》（江蘇教育出版社2000年第一版）是一回事（兩書書名僅差一個「近」字），這次不過多個「插圖本」而已，其實不完全一回事，後者是范伯群主編多人合撰，而新著乃范伯群獨立完成（「我的規劃是，一是要自己獨立寫出一部晚清民國的通俗文學史。我過去主編過通俗文學史，但主編與自撰是不同的。」〈覓照記〉）關於此書（包括前面那本）已有多篇評論見諸報端，某報還做了一次專版，眾論家均把焦點聚在此書的學術意義，我幾年前也寫過一篇書評，贊同范教授主張的現代文學史「雙翼展翅」的理論探討，現在大家説的仍是同一個意思。兩本書的「後記」都很有意思，都很長，都很像是范教授的「細説原委」，甚至連這樣的內情也坦露出來——「但這次我不得不痛下決心，哪怕我為此而倒下去，也得爭這口氣：『沒有你，我們就不活了嗎？』當我開始動筆後，我只是悄悄地向一位『老學生』交待『後事』：如果我為此而倒下，你得出來説話。在『師兄弟』之間難道就不能有『道德法庭』嗎？」（《中國近現代通俗文學史》後記）經歷了那次慘烈的「主編與合撰」的教訓，范教授決意自己單獨完成《中國現代通俗文學史》（插圖本）——這僅是我的猜測，插圖插圖插圖，范教授使用似乎最趨時最簡明的方式與先前的那本「通俗文學史」和平分手，同時也彌補了前書無圖的缺憾。

　　給書添圖片，時下有太多的不文明行為，其中使用最多的手段是「扒」──我不說「偷」，不是因為我不氣憤，而是已經無可奈何了。我氣憤，是因為我自己拍攝的圖片被扒的太肆無忌憚了，個人扒，出版社扒，名出版社扒，電視臺扒，電視劇扒（扒得很可笑，把畫報去掉報名充當海報再充當劇情背景）。於此，舉一惡例：獲得五項贊助（「國家社會科學基金項目」，「教育部人文社科研究『十五』規劃專案」，「山東省社會科學規劃研究文叢重點專案」，「山東省教育廳人文社科研究基金」，「青島大學人文社科出版基金資助專案」，）的《中國現代文學期刊史論（1915-1949）》（2005年11月新華出版社第一版，劉增人等著，十六開大本，670多頁），書前面的幾十幅期刊書影圖片竟有半數之多取自筆者的小書《創刊號風景》，瞧作者怎麼說的──「在拙著中穿插百幅左右精美的文學期刊創刊號的封面作為插圖，一直是一個美麗的夢想。但由於種種原因，現在只能這樣處理……需要特別說明的是，書中插圖，有許多是從謝其章先生的《創刊號風景》等著作中反拍的，只是反拍技術太差，遠不如原著的精彩生動（謝注：我花一千元請專業拍的，當然了）。」（《中國現代文學期刊史論》結語），真的如劉教授所說「此事古難全，何況我輩凡俗！」的一圖難求嗎？這麼大的一本書怎麼會困難到屈尊使用私人的圖片之地步？你事前跟我打招呼了嗎？事後最起碼送一本樣書了嗎？黑不提白不提。

　　說實話，沒看到范伯群新書之前，我是想著這書也難免不扒吧？及至把書中的三百多幅圖一一查證，我徹底服氣了，范教授比上面那位磊落得多，同樣有贊助，那位把贊助用哪去了？范伯群把公立圖書館作為攝取圖片的主要來源地（公立圖書館本來具有向讀者研究者提供圖文資料的職能與義務，雖然它的服務與某些收費，一直有議論）──「專款專用」，而不是圖省錢圖省力地扒私人圖片，他說：「這一次，我希望儘量能用雜誌創刊號的封面（除非萬不得已，才用

其他某期頂替）。」──「有時候跑一趟圖書館就是為找一張創刊號的封面。」──「1914年出版的《禮拜六》並不難找，可是走了幾個圖書館就是找不到『質量』較好的創刊號封面，徒歎奈何。」鄙著《創刊號風景》就有一張十品的《禮拜六》創刊號書影，我以為范教授能看到的，他不用，他有他「覓照」的原則──取之有道。之所以對圖片問題如此計較，實在是因為圖片已不再是一本書的附庸，它的地位在往上升（與文字平起平坐亦非妄談）。李楠說：「大約是在四年前，那時候，我天天到位於淮海中路的上海圖書館去翻閱小報，常常會碰到他（范伯群）在閱覽室裏正襟危坐，埋頭研讀發黃變脆的舊報刊。這就是他所說的『覓照』，『覓圖』歲月的一部分吧。他借閱資料的數量大，為了節省從復旦大學到上海圖書館每天來回奔波的這點兒時間，他索性住到附近一家廉價的招待所，白天鑽進故紙堆裏翻騰，晚上回到旅舍整理資料……他根本不像一位七十多歲的老人。」（〈鑽進故紙堆，不知老之將至〉）再想想十幾年前，楊義先生為了使圖片（當時是複印件還不是照片更不是掃描件）對得起讀者，自己動手的情景──「而在別一方面，我和我的妻子又備嚐工匠之苦……由此複製出來畫幅，插圖中的美人往往臉色有如包龍圖，把這樣的畫面交給出版社，獻給讀者，實在是怠慢了。除了向作家及其哲嗣，以及裝幀家徵集潔淨的珍藏本複印件之外，唯一的辦法就是把家庭改作修畫作坊。於是買回了十幾把鋒利的刮刀和十幾枝粗細各異的筆，把模糊的線條描清，把不應有的斑點刮去，複印──修改──再複印，慢慢地對這門工藝也摸出一些門道來了。……經常每天上一次複印商店，隔三差五給畫面施整形術就是通宵……妻子笑道：將來你的文稿沒人要的時候，總算還學到一種掙飯吃的一技之長──給人修畫去。」（《中國新文學圖志·序言》）

「覓照記」無意中透露了一個秘聞。藏書家阿英（1900-1977）身後，他的藏書捐給了家鄉蕪湖圖書館，圖書館專門建立了阿英藏

書室，好像即完成了任務，從此卻全無下文——阿英藏書目錄的編輯，藏書的利用，等等。這回，范伯群透露了冰山之一角——「這裏只舉蕪湖圖書館阿英藏書室為例。該藏書室雖只有一間房，可是大多是近代文學的珍本與善本書。插圖本中的許多好版本的封面大多是得益於阿英藏書室。例如本書正文中提及的1904年64開本李伯元《官場現形記》「口袋本」，黃小配（世仲）的《洪秀全演義》以及清末出版的《經國美談》，《黑奴籲天錄》等堪稱珍本的書均是見諸於這間藏書室之中。……有了這些珍本與善本書的支撐，這本插圖本的近現代書刊的封面圖像就提升了一個等級。」而我看到的等級差別，不只局限在圖像的正面，折射到背面的光遠不夠明亮。

黑夜給了我黑色的眼睛，
我卻用它來尋找書齋

十五年前，我們的閱讀指數遠沒今天幸福，我幹了一件事——把家藏的舊雜誌中有關藏書的文章收攏起來，約得七十篇，交給一位四川某出版社的朋友，想著出一本書。那些年關於談藏書趣味的選本出了不少，我想不跟它們重複，我的優勢是三、四十年代非主流的刊物我搜集的很多，選出來的文章大多數是第一回與今天的讀者見面。當時熱情滿滿，裝了一旅行包的舊雜誌去一家學校複印，那年的複印店還不像現在滿街都是，託熟人在學校複印，還一想法是省點兒錢。管複印的原以為一會兒就能印完，誰知一印就是三小時，臉子慢慢就不好看了。終於印完了，終於就是這種感覺。印完了，厚厚一遝很像一本書的樣子了，寫了一篇編選後記，就寄給朋友了。此事終於沒成，轉手三家出版社，還是沒成，十二年後我把複印件要了回來，只剩一半了。十五年後，我們的閱讀指數很幸福，我們已不滿足於我們自己人寫的藏書文章了，不斷地有國外的藏書家的專著被翻譯進來，一本接一本，我自己已攢了三十多種，宛如一個集書的專題了。最新的一本是《夜晚的書齋》，作者阿爾貝托‧曼古埃爾，我多年前買過他的另一本書《閱讀史》，封面很抓眼，還記得是大熱天在琉璃廠商務印書館門市部買的，而且只剩一本，不能挑品相了，當年我們的購書指數也不如今天幸福。

夜晚的書齋總是被賦予神幻莫測的色調，余秋雨稱夜幕低垂中的書房是他「精神的道場」，杜漸說他二十年來每天夜裏都堅持二小時「一字不拉」的看書，而蒙田卻說「我在那裏度過了生命中的大多數日子，一天中的大多數時間，但是夜裏我從來不到那裏去。」夜晚是分兩部份的，晚在夜之前，夜於晚之後，通常天黑了就算是晚上了，而夜的開始應是二十三點以後，對於某些善於熬夜的人來說，夜的

黑夜耕作者。（原載三十年代上海某雜誌）

概念還要晚一些，一點鐘我覺得才進入狀態。我說過一句話「為什麼我遲遲不睡，因為此一睡去，生命又少了一天。」周作人是不熬夜的，他說「從前無論舌耕或是筆耕的時代，什麼事只在白天擾攘中搞了，到了晚飯之後就只打算睡覺。」還說「不喜『落夜』或云熬夜。我不知道是白天好還是黑夜好，據有些詩人說是夜裏交關有趣，夜深人靜，燈明茶熟，讀書作文，進步迅速，我想那一定是真的。」（〈夜讀的境界〉）周作人說的「交關」是上海話，是「很」和「非常」的意思，周作人這篇短文刊在《亦報》，《亦報》在上海出版。夜晚書齋的功能和白天的書齋沒什麼兩樣，都是用於讀書和寫作的，因為夜深所以人靜，而安靜在白天無處藏身。

我原以為《夜晚的書齋》是像書名所說的那樣的一本書，——是屬於夜晚的，是屬於書齋的。我錯了，錯了多一半，這本書幾乎省略了夜晚與白晝的差別（夜晚只是一個由頭），這本書也沒有自閉於一己一屋的書齋（更多的是說公立圖書館）。這本書太豐富了，——甚

至有點兒過於豐富了，有關圖書的一切它似乎都講到了，理念滿天飛，接受起來很有點兒難度，我算是很喜歡西方作家的句式了，他們很少有多餘的話，他們的話很具哲理性。

通常的讀書心態是求同的，——一看到作者的觀點與自己一致，便欣欣然稱好，尤其當這是一本談書及書房的書，對我而言一致的地方遠多過不一致的地方（當然，很多的觀點我是第一次聽說，還來不及想一致還是不一致）。存書比較多的人都遇到過找書難的問題，甚至有這樣極端的例子，費了半天勁找不到的書乾脆再去買一本新的（滑稽的是，剛買回新的，舊的那本又鑽出來了）。本書作者説「我想像中的書架，矮的一格從我腰部開始，逐漸升高到我伸出手臂用手指夠得上為止。根據我的經驗，書籍如果高到需要用梯子的程度，或者低到強迫讀者趴在地板上才看得清楚，那就無法取得人們的注意了，不管它們的主題和優點是什麼都沒有用。」止庵先生稱書架第二排的書為「死書」，有形同無，某些書終其一生都沒被主人閱讀過，某些書命中註定要在架子上站一輩子的崗。

書房的面積與圖書的增速，永遠是一對矛盾，在這一點，私家書齋和公立圖書館均不能倖免。私家處理矛盾的方式無礙他人，把多餘的書賣掉或賣給誰別人都管不著，貴賣還是賤買自己説了算。公家圖書館就不該那麼隨意了，我原來以為他們是慎重從事的，事實卻令我吃驚。書放不下，辦法之一是蓋房子，之二是淘汰書。圖書館常年都在「剔除」書（多為複本），我手裏就有蓋著「剔除」章的圖書館藏書。前幾年炒得沸沸揚揚的「巴金捐書淪落地攤」事件，受捐者是全國有影響的大圖書館，其實是正常的「剔除」複本，只是因為書是巴金的書，事情就演變為事件了。這次事件使得這家大圖書館變得異常過敏，有一次我送某書給拍賣行，某書蓋有這家圖書館前身（館）的藏書章（解放前），他們居然質問我某書的來源。現在圖書館用顯微膠片來拍攝珍貴的不易保存的古書及古舊

書報雜誌已很普遍，簡稱「微縮」，閱讀微縮之書報還需一種特殊的儀器，很不方便。微縮之後的報刊應該是安全了吧，誰料到，它們的下場是竟是被清理出宮甚至毀掉，理由均是「地方不夠」，當我看到《夜晚的書齋》裏這樣的情節，我在下面寫道「啊，我只剩下啊了。」

此書打動我的段落很多，這一段最打動：「1945年5月，當捷克爆發反納粹起義，俄國軍隊開進布拉格的時候，作家納博科夫的姐姐埃蓮娜·西科絲卡雅正在圖書館工作，她知道德國軍官準備逃走了，但他們借的圖書尚未歸還。她和一位同事決定把這些書要回來。她們穿行在俄軍車輛勝利前進的街道上去挽救圖書。她後來寫信告訴弟弟：「我們找到了德國飛行員的住處，借書的人冷靜地把書還了。可是到那時候，主要馬路已經禁止通行了，到處都是德軍架起的機關槍。」我既驚詫女圖書管理員的敬業，更驚詫德軍飛行員的冷靜，是戰爭使得「有借有還」這麼尋常的小事，變得不尋常起來，——書的價值在此刻超越了人的生命的價值。

《夜晚的書齋》是本有特別有意思的書，如果圖片的質量再提高一步的話，就更好了。除了圖片的清晰度不夠之外，有些圖片的安置比較勉強，比如那些涉及中國的題材，配的圖片太常見了，有為插圖而插圖之嫌。如今的圖文書大多不令人滿意，原因是多方面的，顧及成本是一方面，可我一直認為如何協調好圖與文的互動關係，是主要的難點。

我潑我的冷水，
他寫他的藏書票

我老早就對藏書票有興趣，這興趣卻不在實物地一枚一枚的收集藏書票，——而是在收集談藏書票的書。這就要說到我的藏書票的啟蒙知識，一開始就知道它是西方傳過來的，關於世界上第一枚藏書票是刺蝟圖案的啟蒙我聽了看了無數遍，差不多所有談藏書票的書都要從這隻古老的刺蝟講起，就像現在談起我們自己的藏書票史，無一例外的都要從「關祖章藏書」票說起一樣。我很高興沒有在吳興文先生的新著《我的藏書票世界》裏再次看到這張他首先發現的老關的票，吳興文很知道我現在對於藏書票的態度，其實不止藏書票，我對過去熱愛過的事物的態度都轉變了，變得不可理喻不近人情。

不認識吳興文之前，我就使勁地追求過他在臺灣出版的藏書票專著，那時人海兩隔，求索臺版書何其難也。潘家園舊書市場初興階段，有位很有名的舊書商賈俊學，此人雅好藏書票，秘藏幾款中國早期藏書票，頗得界內稱賞。賈公也該算第一批寫藏書票文章的先行者，他的文章多發在《人民日報》，我也有剪存。賈俊學很有辦法，早早就搞到了吳興文的書，我很眼饞，提出高價買，賈說上面有吳先生的簽名怎好轉讓。2001年8月31日，三聯書店為吳興文的新書《我的藏書票之旅》有辦發佈會，當日我恰好在三聯購書，碰到姜德明，賈俊學等人，他們是受到邀請與會的，而我在一層買

了吳的書，卻上不得二樓，酸溜溜走人。後來跟吳說起此事，他說你當時只管進去誰會攔你啊。又是幾年以後，想不到吳興文聯手賈俊學等民間書票藏家，在北京魯迅博物館舉辦了私人藏書票展，展品後來還出了書，當然此時我不但得了書還是限量的毛裝版。

2003年2月，由韋力先生牽線，得以認識吳興文，第一面是在西直門的一家小飯館見的，我們三人四、五個菜，吳說話南腔北調，加之語速快，我感覺不知所云，好像談的都與書票不沾邊。此後三月無音訊，五月，北京大疫，誰都不敢跟誰來往，吳興文卻突然來電話提出要來我家，我說你是第一個隻字不提非典的人，甚可怪也。這以後過從漸密，尤其是在潘家園，幾乎周周見。從那時起，我就對他說，你就孤獨求敗吧，此地沒有人陪你玩藏書票，瞎起鬨的居多，你才是正宗藏書票的玩法。吳興文不信，這幾年他出了好幾本書，到處搞講座，誨人不倦，寄厚望於年輕一代，視我之冷水如白潑，我潑我的，他寫他的，直到這本《我的藏書票世界》出來。我風聞此書乃「封筆之作」，倒覺得多此一句宣言，封不封由己，啟不啟亦由己。

我一直感覺藏書票玩起來好玩，一票一票地寫作起來卻不是好玩的，我說的沒錯，除了吳興文出過書票專著，別人沒有第二人，某些書票製作者出的畫冊是另一回事。董橋寫過，但那是攏著一大堆票裹著老長的書票史的寫法，我指的是一票一考據的寫法——有點類似書話的模式，還不能零敲碎打僅寫個三五篇，得夠成一本書的規模。我前面說的起鬨，就是感歎玩得人挺多，有心得的不多；既使有那麼兩三位挺使勁，至今還是出不成書，所以我說中國藏書票水平就到這了（三十年代的光輝早揮霍光了）。魯迅先生曾將中國版畫的方向設想為——「倘參酌漢代的石刻畫像，明清的書籍插圖，並留心民間所賞玩的年畫，和歐洲的新版畫技法融合起來。」魯迅所指中國版畫的方向，不妨看作是中國藏書票的方向，三十年代李

樺，唐英偉等藏書票的先行者走的正是魯迅的方向，我以為他們幾位的藏書票風格是中國的風格，是「洋為中用」的典範。本質的藏書票只能產生於三十年代，餘皆無足觀。時限就是如此絕對，寬了不成，寬了陝北窯洞，坐在暖炕上曬著冬日的暖陽的大婆娘小媳婦，手裏剪著窗花順手就剪出了要多少有多少的藏書票，只勞專家碼上「EX-LIBRIS」就能換錢了，這不是亂說，中國郵票有過先例。

　　吳興文不只是在搜集書票上領先一大步，在書票寫作（緩稱研究）上更是領先一大步。有記者問他「收藏藏書票時，您如何探尋藏書票背後的人文故事？」吳回答「上窮碧落下黃泉，動手動腳找資料。」一言中的，上哪找資料啊，誰不知道資料之珍貴，尤其是外國藏書票，至少你要懂外文吧。資料難找，找到了不會用也寫不出彩來，寫東西須要一點橫拉豎扯之本事，通常叫想像力或曰文

圖左：「靈鳳藏書」票。
圖右：西方藏書票。

學性。我讀吳興文的這本新書注意的還是這些地方，譬如《水下美人魚》這款書票，吳興文聯想到《夢溪筆談》裏的一段話，這就很跳躍亦顯得很知識，換成別人寫，很可能是不著邊際的大抒其情。有一點可惜的是，在本書中，作者的抒情仍顯得多了些，某些使用頻率太多的熟詞熟字時不時地跳將出來，作為作者的熟友我想到就說，我寫的東西吳興文也沒少批，更何況他是編輯出身，眼毒乃職業病。

　　我對藏書票還持一觀點，我一直認為藏書票與圖書是不該分離的，就像一本中國古書鈐著的一枚藏書印，——一本書可以沒有藏書票；一枚藏書票不可以沒有書的庇護。今日之商品社會，藏書票也未能倖免，什麼電腦製版（我頂反對的就是電腦設計出來的藏書票），什麼當眾毀版，什麼限量發行，等等一系列商業運作方式，幾乎都照搬到藏書票的頭上，又有幾個人會把這種批量生產出來的藏書票，伏在安靜的書桌上小心翼翼不歪不斜地貼在一本心愛的藏書上呢，我大表懷疑。關於藏書印，臺灣詩人劉淑慧有四行詩，寫得很美：

　　　潮濕的胭脂
　　　吻遍每一具雪白的身體
　　　豐潤的心事因此有了
　　　歸屬的安靜

　　現時的中國藏書票尚未能夠像這首詩所說，——找到「歸屬的安靜」。吳興文的努力，是否有希望，我持保留態度。

看盡世人夢未醒

——七十年前的鼠漫畫

我搜集的老漫畫中，老鼠體裁單占一格。生命力繁殖力均超強的鼠輩，可不能小瞧了，人類與之剿殺了幾千年，至今未能戰而勝之。無名之鼠輩，寸光之鼠目，出現在漫畫裏，好像始終是被諷刺被喊殺的對象，實際並不儘然，以鼠諷人的漫畫真是不在少數。

大文豪蘇東坡十歲時就作出〈黠鼠賦〉，申說鼠的聰敏，其文云：「蘇子夜坐，有鼠方齧。拊床而止之，既止復作。使童子燭之，有橐中空，嘮嘮聱聱，聲在橐中。曰：「嘻！此鼠之見閉而不得去者也。」發而視之，寂無所有，舉燭而索，中有死鼠。童子驚曰：「是方齧也，而遽死耶？向為何聲，豈其鬼耶？」覆而出之，墮地乃走，雖有敏者，莫措其手。蘇子歎曰：「異哉！是鼠之黠也。閉於橐中，橐堅而不可穴也。故不齧而齧，以聲致人；不死而死，以形求脫也。吾聞有生，莫智於人。擾龍伐蛟，登龜狩麟，役萬物而君之，卒見使於一鼠；墮此蟲之計中。」譯成白話大致是：

蘇東坡在夜裏坐著，聽見有只老鼠在咬東西，蘇東坡拍擊床板，聲音就停止了，停止了又響起。蘇東坡指使童僕拿蠟燭照床下，有一個空的箱子，老鼠咬東西的聲音是從那裏發出

看盡世人夢未醒。
（原載1936年杭州《藝風》）

的。童子說：「啊，這只老鼠被關住就跑不了了。」童子打開箱子，空空的一無所有。童子舉起蠟燭來搜索，箱子中有一隻死老鼠，童子驚訝地說：「老鼠剛才還在叫，怎麼會突然死了呢？以前是什麼聲音，難道是鬼叫嗎？」童子把箱子翻過來倒出老鼠，老鼠一落地就逃走了。就是再敏捷的人也措手不及。大蘇東坡歎了口氣說：「怪了，這就是老鼠的狡猾啊！老鼠被關在箱子裏，箱子是堅硬的、老鼠不能鑽透。所以老鼠是在假裝咬箱子，用聲音把人招來，你打開箱子它就裝死，然後趁機逃脫。我聽說動物中沒有比人更有智慧的了，人類能馴化神龍、捉住蛟龍，能用龜殼占卜、狩獵麒麟，役使世界上所有的東西然後主宰他們，然而卻被一隻老鼠所利用，陷入老鼠的計謀中。」

　　1936年，鼠年，名畫家高劍父領導的「春睡畫院」在上海辦畫展，上海文藝界於3月28日在斑園開歡迎會，並專門陳列高劍父畫作二十幅，〈看盡世人夢未醒〉便是其中一幅。高劍父在畫壇的功績，主要是在中國畫傳統技法基礎上，融合日本和西洋畫法，著重寫生，善用色彩或水墨渲染，具有南國特色，開創了嶺南畫派。〈看盡世人皆未醒〉雖為漫畫式小品，題材卻是新穎的，借鼠諷世，這個裝滿財富的大竹簍可以看作是當時內憂外患的中國，而上上下下裏裏外外的老鼠正在肆無忌憚地掠食，大竹簍的主人此時在哪呢。

　　《時代漫畫》雜誌被譽為中國漫畫史的一面大旗，它一共出版了39期（1934年1月-1937年6月）。「時漫」的作者群幾乎囊括了當時全國所有的一線漫畫家，經典的作品至今令人難忘。「時漫」尖銳的視角，辛辣的畫筆，終於惹惱了當局，以「侮蔑領袖」、「污蔑政府」、「妨礙外交」等罪名勒令停刊。後經鬥爭申辯，得以在1936年6月復刊（第27期），「編後記」說「明明一個健康的人，在三個月前會一度要他加入病院裏去修養，真是受寵若驚到難以使人相信。如今再與諸位相見，在情感一方面講是多麼的愉快。」復刊號封面畫是現在很有名的畫家黃苗子老先生畫的，畫的名字叫「開禁圖」，一扇大紅門打開了，兩邊守護的門神，一個嘴巴被貼了封條，一個被迫「安眠」，這似乎是暗示刊物遭遇封查。但往下看，好像意思又深了一層，領頭的老鼠舉著太陽旗，顏色故意畫顛倒了，免得又被當局說成「妨礙外交」。老鼠中還有背著一捆長槍的，這就不能以為只是刊物解禁這一個淺的層面了，而是要說明當局一方面對個小小的漫畫雜誌施以莫須有的罪名，另一方面卻對國土的淪喪對日寇的步步侵佔聽之任之，這樣理解才能看出畫家以小見大的高明。

黃苗子的另一幅「鼠社圖」既可視為當年的「社會現象圖」，也可以當作對「開禁圖」的詮釋，你看這面太陽旗就接近真太陽旗了，1936年離戰爭的全面爆發很近很近了。黃苗子把社會現象和國家面臨的危局概括為「鼠災，鼠竊，鼠奸，鼠爭，鼠運」，真是再全面再深刻沒有了，不但是對歷史，對今天社會的某些方面亦不無警醒之作用。

　　還要提一幅很有意思的鼠漫畫，產生的年代還是1936年鼠年，這張漫畫的作者沒有名氣，畫的名字「鼠年的除夕圖」，我看叫「鼠之歡樂圖」亦無不可。一棟三層樓從地下到頂棚，老鼠無處不在，無法無天，無所不能，無可奈何，好像這棟樓的主人不是人而是鼠。剖面圖顯示只有煙囪裏沒有老鼠，老鼠怕煙薰呀，那麼人類就用煙來對付老鼠，這招行否。

讀漫畫，像洗熱水澡

我寫過兩本專門的書，一本是談老漫畫的（另一本是老電影），所謂的「老」，是指上世紀二、三、四十年代，比之早的年代我談不來；比之晚的年代我沒有興趣。我的談老漫畫完全是出於個人興趣，手裏有什麼資料就談什麼，完全不顧及歷史的脈絡，更不理會歷史的意義。我的漫畫資料的收集，除了老的漫畫刊物是必收的以外，文學期刊裏的漫畫我也不會漏掉。再後來外國的漫畫我也收一點兒（這裏說的均非漫畫原作），最喜歡的漫畫家是美國的羅克威爾，羅克威爾徹底改變了我的漫畫審美，漫畫不該是潦潦草草的，漫畫也不應該是一蹴而就的快捷產品，要用畫一幅油畫的功夫來畫一幅漫畫，而不是抽一袋煙兒的功夫就創造出一幅漫畫，羅克威爾使我明白了我們與西洋漫畫在觀念與技法上的差異。最近的兩年，先後有《歐洲漫畫史；1848-1900年》與《歐洲漫畫史；古代～1848年》兩部專著被引進，該書巨大，黑白和彩色插圖觸目皆是，讀起來十分過癮。這是兩部寫於一百年前的書，作者均為愛德華·福克斯（1870-1940年），中國讀者也許更熟悉愛氏的《歐洲風化史》與《情色藝術史》，雖然喜歡看漫畫的讀者人數上也許更多，可是他們愛看的是輕鬆易懂的漫畫，碰到「漫畫史」這樣的專著，愛屋及烏的讀者也許很少。關於老漫畫的專著，中國迄今為止只有畢

西洋漫畫《辦公室的春天》。

克官先生的一部《中國漫畫史》，此書初版於1986年，僅印3,400冊，我們能夠說喜歡漫畫的讀者只有區區三千人麼。

　　把中西漫畫史放在一起讀或者交叉地讀，現在能夠做到了，過去不成，二十年前我們的讀書幸福指數遠沒今天這麼享受。閱讀的順序也很有意思，《中國漫畫史》－《歐洲漫畫史；1848-1900年》－《歐洲漫畫史；古代～1848年》，我才知道歐洲的漫畫史比我們長，材料也比我們過硬，雖然畢克官著書的時間比愛氏晚了八十年，敘述的歷史時段（1900-1949年）也相應晚了半個世紀，可是在攝取材料等方面，畢克官的研究條件似乎還不如他的外國同行。愛氏說「我曾列舉了撰寫第一卷所查閱的報刊的數量……我逐頁翻閱的各種刊物達600期之多。」；「本書的前期準備工作持續五年之久；在此期間為此書所查閱的漫畫，根據我們的統計達68,000幅之多。」愛氏感謝了私人收藏家，舊書店，舊書商，國家和城市收藏館給予他的友好幫助，他特地提到一位「另外還應感謝的是慕尼克的舊書商埃米爾·希爾施先生，他幾乎每個小時都在向我們提供幫助。」正是因為有了這麼強大的材料源泉，愛氏才可以自豪地宣稱「只有通過他們，我們才在本書的各個章節中展示了相應的圖片資料，使我們可以毫不誇張地說，本書是所有歷史時期最有趣圖片的集大成。」真的，沒有哪一種史著像漫畫史那樣對圖片的有著不可或缺般的依賴。畢克官先生只在書出過十幾年後說了一件事——

八十年代，畢克官去某圖書館查到了極稀有的早期漫畫刊物《上海潑克》，第二次再想看看，圖書館竟推説沒有這本刊物。我耳聞過不少我們圖書館的作風，我沒有別的辦法，我從不去圖書館，——不為了閲讀而去，也不為了查資料而去。

　　中國漫畫史不能像歐洲漫畫史那樣，專門分出一半的篇幅來論述古代漫畫，不是説我們的古代沒有漫畫，只好説我們古代的漫畫遠不如歐洲發達，這是怎麼回事呢，是什麼原因造成這個尷尬的對比——我們的繪畫史原本比之他們要長遠得多，——難道是我們的先人在畫畫的時候忘記了圖畫也可以用來諷刺與幽默。這個疑惑，在讀愛氏的漫著的過程中，突然找到了我以為是的答案。畢克官在《中國漫畫史》的結束語裏談了七點體會，第六點説到「中國漫畫與報刊雜誌有著十分密切的關係，因而中國漫畫發展史與中國報刊發展史也有著十分密切的關係。漫畫固然可通過各種管道與廣大群眾見面，但最經常和主要的還是通過在報刊發表而深入群眾。這是由於漫畫的特殊功能所決定的。漫畫史上無數事例，都可以説明漫畫與報紙，漫畫作者與報刊編者的密切關係。」我們的報刊史比之西方的報刊史晚多少年，我們的漫畫史就比之西方的漫畫史推遲多少年。原來是報刊雜誌影響了中西漫畫史的短長，畢克官講，發表在1903年《俄事警聞》創刊號上的漫畫〈時局圖〉「這幅漫畫，是迄今發現的最早的近代報刊漫畫，它表明我國近代漫畫的興起至

《魚兒的悲哀》。（石叔良作）

少在1903年就開始了。」而在愛氏的書裏，那些諷刺氣質十足的漫畫，大量地出現於十五，十六世紀，這些漫畫都有立場鮮明的標題及針對性極強的文字說明，這些漫畫或是出現在傳單上，或是作為書籍的插圖，更多的是發表在報刊雜誌上，我們今天能夠看到幾百年前的漫畫，幾乎全部得依賴於這些老的報紙老的期刊，除此之外，漫畫沒有其他的傳播手段，靠原作肯定是不行的，化一為萬的功能只能由傳媒工具來完成。有著150年歷史的英國著名諷刺雜誌《笨拙》，是一個了不起的刊物，它創刊於1841年7月17日，該雜誌以「捍衛被壓迫者及對所有權威大力鞭策」著稱，《笨拙》上的大量漫畫在上世紀三十年代經常被中國的雜誌轉載，林語堂創辦的幽默小品文雜誌《論語》模仿的即是《笨拙》，中國很有聲望的老漫畫家華君武當年給《論語》畫過許多漫畫，只是後來華老不願意提這段往事。

愛德華·福克斯說「現實生活的法則中止之處，便是怪誕事物產生之時。」他講的是漫畫的意義，在這點的理解上，中外讀者沒有大的差異；他還說「讀漫畫，像洗一個熱水澡」，這個比喻有點特別，很長一段時間裏，我們強調的是漫畫的戰鬥性，激勵性，而不是漫畫的娛樂性。

張愛玲一個人的雜誌史

有位海外的張迷，專為尋看張愛玲早期在上海發表作品初載的雜誌而去到上海——「這次去上海，約有一半時間花在上海圖書館現代文獻室內，辦了臨時閱覽證後，第一個興致勃勃調出來看的就是周瘦鵑辦的《紫羅蘭》。這些民國期刊在網路檢索中是沒有的，得打開小抽屜翻卡片，而且也不是任何它所收藏的民國期刊的卡片都在裏頭的。得碰運氣。《紫羅蘭》當然是有的，只是圖書館要不要給你看而已。填了申請表，等了大概十五分鐘後，十八本捲邊破損的原版《紫羅蘭》就在我手上了。張迷都知道，張愛玲自香

《雜誌》內頁1：張愛玲，蘇青照相。

港回上海後，第一篇發表的中文創作就是在《紫羅蘭》上，發表了〈沉香屑〉、〈第一爐香〉和〈第二爐香〉，從第二期到第六期。在第二期的編者前言部分，周瘦鵑還詳細記載了如何得到張愛玲的稿子，以及到張的居處去，受到張愛玲及其姑姑的下午茶款待。後來還陸續看了不少期刊，可惜如胡蘭成主編的《苦竹》、李金髮在三十年代編輯的大型期刊《美育》，都送去製作微捲了，無緣得見。

值得一記的是，請調張愛玲發表作品的重要刊物，即柯靈所編《萬象》（該刊物的前期主編為陳蝶衣，後期才改為柯靈）時，遭遇到了困難。因為抽屜卡片內有兩種《萬象》，一個是三十年代的，明顯不是我要看的貫穿了整個上海『淪陷期』1941-1945年的《萬象》，另一個則注明為陳蝶衣主編，問題是發刊時間太短，與我要看的刊物不合。無奈並沒有其他的《萬象》卡片，只好調閱後者出來看看。拿到手上時才發現根本是另外一個刊物——短命的《萬象十日刊》，可是我想看的是月刊啊。又到卡片抽屜前翻看許久，終於發現卡片號碼並不連貫，兩個《萬象》中間還缺了一個號碼，我便設想，這個缺了的卡片大概就是我的目標物罷，於是填寫上那個抽屜內不存在的號碼後，居然真的讓我調出了刊有張愛玲小說的《萬象》。

於是我自以為是找到了方法。後來用這種一面比對上海圖書館編纂的所藏期刊指南（厚得像樓梯的一本書，鉅細靡遺），一面猜測號碼的方式，調到了幾個卡片消失了的刊物。但是，有一天這方法又被發現了，那已經是我離開上海，而尼可還單獨留在該地找資料的時候。尼可所填寫的一個不存在於抽屜的號碼，被館員察覺了，他說，這樣是不行的，這些雜誌是不給人看的喲，你不可以自己猜號碼噢。『為什麼不能看呢？』『沒有為什麼，就是不開放！』

從那些卡片被抽掉的雜誌，我本想找出某種邏輯，至少知道怎樣是開放的，怎樣是不開放。卻發現，這些刊物橫跨所謂『汪偽刊

物』、通俗與政治無涉的期刊和戰後譴責漢奸的文藝報導內容刊物中，我暫時還無法找到敏感的共通性。到頭來，想看不開放刊物，大概還是得透過人際的輾轉請託。在浮動的、無道理說明的規定現狀底下，有沒有『關係』確實大有關係。」

我從未到圖書館借閱過舊雜誌，我卻能理解到這位「張迷」的遭遇，所以我從不去麻煩人家。

二十年前，我做了一項統計工作，把家藏舊刊中老向（王向辰）和張愛玲的作品名目抄在本子上，老向今天仍是寂寂無名，張愛玲卻名滿天下，我的工作沒算全白幹，至少為今日的工作打了基礎。二十幾年前，臺灣的超級「張迷」唐文標先生將他收集到的所有上海淪陷時期有關張愛玲的出版資料，包括張愛玲的照片，張愛玲畫的插圖、扉頁、漫畫、書籍封面，第一次發表文章的刊頭及發表過張愛玲作品的各雜誌的封面及目錄頁，匯總原樣影印，印成一冊十六開本三百八十三頁厚的《張愛玲資料大全集》，我對此書想念殷切，曾託臺灣友人代為尋覓，被告之非正式出版物已極難尋獲，慢慢也就死了心。物極必反，心死了，機會倒來了。2003年春北京大疫，人與人直接交往的場合能避的大都避了，舊書攤舊書店自不能免，此時網路舊書交易應運而生，足不出戶，只需點擊滑鼠，出價比別人高，便可競拍到你想要的書，《張愛玲資料大全集》就是這麼得來全不費功夫。書到手，比想像的差很多，圖片多為複印件，且複印的質量不佳，模糊，歪歪扭扭，現在任何一種攝取圖片的手段都會超過它。所謂「大全集」，其實都是全不了的，但是唐文標為此付出的精力（唐引清人詩句自況「赤手屠龍千載事，白頭歸佛一生心」）無人可及。最近查到一條資料，在臺北有「張迷」瘋狂競投此書，初始價是450元臺幣，很快就飆升到5,000元臺幣。最後的得標價是10,300元臺幣。我如今所藏張愛玲作品首發刊物已不少於當年的唐文標，所以也想弄本類似大全集的書，最初知道我有這想法的

是止庵先生，我們私底下有個「代號」，管這書叫「張愛玲資料小全集」。張愛玲一個人的作品發表史或即是另一個人的收藏史。這就說清楚了我要幹的這件事的框架。這裏只談四九之前的張愛玲。四九前刊載張愛玲文字的十餘種雜誌（不含報紙）的基本資料是：

《西風》（1936・9-1949・5，總出118期，主編黃嘉德，黃嘉音）

《紫羅蘭》（1943・4-1945・3，總出18期，主編周瘦鵑）

《雜誌》（1938・5-1945・8，總出15卷5期，主編呂懷成，吳誠之）

《萬象》（1941・7-1945・6，總出4卷7期另一期「號外」主編陳蝶衣，柯靈）

《飆》（1944・10-1944・11，總出2期，主編邵光定）

《天地》（1943・10-1945・6，總出21期，主編馮和儀（蘇青））

《古今》（1942・3-1944・10，總出57期，主編朱樸）

《語林》（1944・12-1945・6，總出5期，主編錢公俠）

《新東方》（1940・3-1944・12，總出10卷6期，該社編輯）

《小天地》（1944・8-1945・5，總出5期，主編周班公）

《苦竹》（1944・10-1945・3，總出3期，主編胡蘭成）

《太平洋週報》（1942・1-1944・3，總出102期，主編方昌浩）

《春秋》（1943・8-1949・3，總出6卷4期，主編陳蝶衣）

《大家》（1947・4-1947・6，總出3期，主編唐雲旌）

現依據我的私藏將張愛玲作品在刊物上刊出的篇目大致排列一下：

《雜誌》內頁2：《傾城之戀》初刊版面。

《西風》發表：〈天才夢〉

《紫羅蘭》發表：〈沉香屑：第一爐香〉、〈沉香屑：第二爐香〉

《雜誌》發表：〈茉莉香片〉、〈傾城之戀〉、〈金鎖記〉、〈年輕的時候〉、〈花凋〉、〈紅玫瑰與白玫瑰〉、〈等〉、〈留情〉、〈殷寶灩送花樓會〉、〈創世紀〉、〈到底是上海人〉、〈必也正名乎〉、〈論寫作〉、〈愛〉、〈有女同車〉、〈走！走到樓上去！〉、〈說胡蘿蔔〉、〈寫什麼〉、〈詩與胡說〉、〈忘不了的話〉、〈吉利〉、〈姑姑語錄〉

《萬象》發表：〈心經〉、〈連環套〉、〈琉璃瓦〉

《天地》發表：〈封鎖〉、〈公寓生活記趣〉、〈道路以目〉、〈爐餘錄〉、〈談女人〉、〈童言無

忌〉、〈造人〉、〈打人〉、〈私語〉、〈中國人的宗教〉、〈談跳舞〉、〈「卷首玉照」及其它〉、〈雙聲〉、〈我看蘇青〉

《小天地》發表：〈散戲〉、〈炎櫻語錄〉、〈氣短情長及其它〉

《古今》發表：〈洋人看京戲及其它〉、〈更衣記〉

《苦竹》發表：〈桂花蒸，阿小悲秋〉、〈談音樂〉、〈自己的文章〉

《語林》發表：〈不得不說的廢話〉、〈關於汪宏聲先生〉（原無題）

《太平洋週報》發表：〈銀宮就學記〉

《大家》發表：〈華麗緣〉、〈多少恨〉

　　《新東方》我不收存，但據別人的資料顯示此刊發表有張愛玲的〈鴻鸞禧〉〈存稿〉。《飆》沒有張愛玲的文字作品，只有張的一幅速寫。《春秋》有張愛玲寫給某編輯的一封信。

　　現在把我搜羅這些首發張愛玲作品的刊物的經歷大略敘述一下，這項工作進行了二十年，當初是如何搜集到手的，搜到之後的心情和付出的金錢數額都記得清清楚楚。唐文標説：「但我個人仍希望能有一天，把我手頭收集的各式各樣的、未為張愛玲先生以前結集問世的散稿圖片，全部影印出來。這件『好玩的事』雖然暫時不在遠景出版計畫之中，但總認為可以一試的。我喜歡全部影印，一方面為了存其真，這些文字未經修改的真跡；另一方面我也偏愛一些『原拓本』，可能本來清朝人穿他們自己的衣服才像樣。」這麼「好玩的事」，肯定屬於極少數人的偏嗜，已經有人説過「……搜索張愛玲散逸的舊作重刊，並且在前面慎重其事，而又無限欣喜的附上一小段文字，説明尋獲經過。」這樣調諷的話。「張迷」中

有多少喜歡「原拓本」的愛好者，不好說。反正邵迎建先生這樣的超級「張迷」也承認：「我雖然以張愛玲為題寫出了碩士論文，但在資料方面並沒有什麼突破，所以在北京查資料時，也只注意大學和研究機關的最新論文，沒有在找老雜誌方面下功夫。」

　　二十年前開始如癡如狂地搜求四九前之舊雜誌，那時候並不知道張愛玲如何了不得，只是因為淪陷時期京滬兩地所出雜誌皆在網羅目標之內，倒是「無心插柳」地搜獲到不少首刊有張愛玲作品的原版雜誌，等到有目地的找尋張愛玲的初發刊時，卻極少有所得了，偶有所獲，價錢亦辣手摧花，幾近乘人之危。《紫羅蘭》本來就一鴛蝴派小雜誌，只因有了張愛玲的〈沉香屑：第一爐香〉而名聲大噪，我曾於北京西單一舊書店見一全份（18期）紫刊，標價竟達6,000元，我是此店的老主顧，可享八折待遇，八折的話是4,800元，還是貴。在「為了張愛玲而下狠心買」與「嫌這兩爐香太貴而不買」之間猶猶豫豫過了好幾年，這家地處燈紅酒綠鬧市區的舊書店的這套紫刊倒還未售出（於此可知，為了張愛玲而赴湯蹈火如我者，沒有。）但價錢又調高至9,000元，哀莫大於心死，徹底與《紫羅蘭》告別吧。整份《紫羅蘭》買不起（這就是我的不是了──凡有張愛玲文字的雜誌必求整套無缺不可。）還有一路可走，〈沉香屑〉於紫刊2至6期連載，周瘦鵑大發「深喜之」感慨的「寫在紫羅蘭前頭」在第二期（還沒有哪一位編輯像周瘦鵑這樣為無名的張愛玲說了這麼多美好的話。柯靈的好話是事過境遷以後說的。）搜羅到這幾期的紫刊，也該算收齊了張愛玲的〈沉香屑〉。思路為之一變，機會隨之而來，我只用了前述價格的八分之一就圓了沉香夢，收書之日，我寫了一張紙條夾在第二期的《紫羅蘭》裏──「含混著上海里弄閣樓霉潮氣味的紫羅蘭已全無一點花的芬芳。」

　　《西風》是文摘性質的雜誌，摘的多是西洋文章。那時我經常在舊書店見到《西風》，因為不是我搜羅的重點，對它的態度是

「視而不見」，只一次在東單舊書店二樓看到一冊《西風》合訂本，挺厚的，標價才20元，那天沒買到稱心的書，就把這合訂本買了，買回也不知塞哪去了，至今未再見。後來知道《西風》上有張愛玲的天才之作〈天才夢〉，才慌忙到處搜《西風》載有〈天才夢〉的這一期（第48期），第44期也很要緊，這期公佈了徵文揭曉獲獎名單，別的期數照舊「視而不見」。大約又碰到過十幾回《西風》，但都沒第48期的蹤影，有的時候翻了半天一本也不買，店主臉色就不如開始時好看了。恒心總有回報，某週六在潘家園地攤看到幾十本《西風》，5塊錢一本，終於讓我翻出了第48期和44期，而且還有複本，一併買下，複本送給好友。〈天才夢〉的一句名言「生命是一襲華美的袍，爬滿了蚤子。」最受稱譽，但許多人「蚤」「虱」不分，說成「爬滿了蝨子」。是不是還有一種可能，張愛玲寫作時也沒區分清這兩種小蟲，蚤「腳長，善跳躍」，既然是「爬滿了」，按情理似應是蝨子。

　　某年於古舊書刊拍賣會上以495元拍得《新世紀雜誌》一至四期全份（1945‧4-1945‧7，上海新世紀月刊社），創刊號「編輯室雜談」云：「張愛玲小姐的文章早已膾炙人口，本期因發稿時間關係，來不及送來，下期想必能撥冗為本刊撰稿的。」看到這，當下心中大喜，趕忙翻檢後三期，可從未聽說張愛玲在《新世紀》上寫過東西呀，說不定能發現一佚文呢。忙乎了一陣，一篇篇細查，哪裡有張小姐半個字的蹤影。張愛玲當年炙手可熱，想邀她的稿的大有人在，但張愛玲絕非有求必應，——哪怕用一篇不成樣的文字搪塞一下，所以《新世紀》終於讓我失望。張愛玲只紅了兩三年，那兩三年的光景她的文字也只集中在上海灘，至多南京有那麼幾篇，北方淪陷區的刊物至今未發現張愛玲的一字一句。近年甚囂塵上的所謂「南玲北梅」，只是後人的憑空想像（可悲的是，當事人之一竟欣欣然接受了這項榮冠，並作出了〈「北梅」寫給「南玲」的話〉這樣的文

章）。當年佔領者實施「南北分治」，由京滬兩個小書店（「馬德增書店」只是東安市場舊書鋪裏的一家小書鋪，而所謂「宇宙風書店」，上海當時就沒這家書店）聯合發起評選「誰是最受歡迎的女作家」活動，殊不可信。

《春秋》的來歷類似《小天地》，未費周折，未多破費，唯有一點不如意，我的《春秋》是合訂本。合訂本也分優劣，一般而言，文革前裝訂的合訂本優，用料講究，樣式美觀；文革後的合訂本為差，裝訂粗糙，顏色單一（多為清一色的綠色）。很不幸，我的《春秋》是後者。

翻查舊雜誌比翻舊報紙容易得多，如初刊〈銀宮就學記〉的《太平洋週報》（發表時，錯印為「銀宮求學記」），似只有陳子善先生提過一句，連專業人士也不知道上海那時還有這麼個雜誌。政論性時事性雜誌往往不被重視，而這些雜誌設置的文藝欄目往往隱藏著你百覓不獲的名作家的逸作。我買《太平洋週報》時，心裏已先有了尋找張愛玲文字的念頭。當時在報國寺內一書攤見到一遝《太平洋週報》，乃淪陷時期上海所出雜誌，第六感覺裏面可能有張的文章，現場不能翻得太細，以免被賣家窺去了心思，略一議價，全份買下。回家燈下細細翻查，果然被我翻出張愛玲所作〈銀宮就學記〉，代價不菲，心疼錢花多了，五十幾期只此一篇有老張。

《飆》是跟《苦竹》一起買入的，沒有故事，很渺小的一本小雜誌。

最早入藏的是《萬象》。舊書店櫃檯裏捆好的一捆，每冊書頂部都刷著紅色，防霉還是防蟲？專業術語稱之為「色邊」。彼時我正熱衷搜羅這種開本小巧玲瓏的海派都市風雜誌，見到《萬象》當然十分中意。請求了好幾回，人家不賣給我說是給山東某圖書館留的。後來那個圖書館很久不來取貨，舊書店管事的見我實在心誠終於作主賣給我了，價格八百五十元，完整的一套，還帶著那冊莫名

《小天地》、《萬象》的封面。

其妙的「萬象號外」。後來我回憶「二十年前一個晚春的黃昏，老僧古廟般冷寂的那條街，餘暉脈脈下形單影隻的我，以850元的代價買了上海灘的《萬象》」以後《萬象》的行情逐年看漲，見到最貴的一次是標價七萬元，還是合訂本，不像我存的那套是未曾切邊的散冊，但是也賣出去了，這可不是禮品書那樣的高定價高折扣，據店員講是四萬元賣給海外，這種雜誌沒有限制出境的規定。《萬象》和張愛玲只維持了一年的關係。張為什麼和《萬象》鬧翻？似乎有一個很流行且已被固定下來的說法，那就是當張的〈連環套〉正在《萬象》連載之際，《萬象》又同時發表了迅雨（傅雷）的〈論張愛玲的小說〉，猛烈批評〈連環套〉，致使張一氣之下「腰斬」〈連環套〉，斷了和《萬象》的「文字緣」。我卻更同意余斌先生的判斷——「更說得通的原因可能還是和《萬象》老闆平襟亞的矛盾，他們因稿費等問題而起

的摩擦在小報上傳得沸沸揚揚，這一年的八月二人還在《海報》上打過一場筆墨官司。」

除了小報上兩人打筆仗，雙方還在一本叫《語林》的雜誌上交手了一回合，並扯上了張愛玲的中學老師汪宏聲。張的題目狠呆呆的：〈不得不說的廢話〉，平襟亞（秋翁）則擺事實：〈「一千元」的經過〉，汪宏聲趕緊發表〈「灰鈿」之聲明〉。雙方徹底鬧翻，平襟亞在《海報》上更是把與張的私信也抖落出來，氣哼哼地寫道：「後此永不重提往事，更不願我的筆觸再及她的芳名。」張愛玲好像只寫過三篇有明確指向的辯論文，另一篇要算〈自己的文章〉（載《苦竹》），還有一篇是寫於1978年的〈羊毛出在羊身上〉。《語林》共出五期（1944年12月25日-1945年6月1日）編輯為錢公俠，是錢公俠促成了當事三方在《語林》上面對面的「絕情絕義」。我的《語林》購於1991年7月5日，價120元。

《古今》上有張愛玲二文：〈洋人看京戲及其它〉在第三十四期，〈更衣記〉在第三十六期。許多張愛玲的新選本都把期數弄錯了，你錯我錯大家錯，反正文章不錯就是了，誰也懶得再去翻舊刊。我買《古今》不是因為張愛玲，而是先看到了零冊上有一位叫「挹彭」者寫的〈聚書脞談錄〉，連載三期，十分精彩，令人神往地把三、四十年代的古舊書業描畫了一番，頓時對《古今》感了興趣。當我終於見到全份《古今》（共五十七期）出現在舊書店的書架的最上層時，一陣狂喜，待看到一千元的標價時，心又涼了。當年家庭突遭變故，一時竟湊不出這筆錢，又不肯錯失良機，只好將多年積蓄的舊刊裝了兩紙箱，用自行車馱到舊書店（《萬象》即購於此店）賣掉（等於是交換）才得來《古今》。舊期刊買時很貴，待你需要用錢去賣掉，才會發現它其實很不值錢。

當年刊發張愛玲作品最多最精的應該算是《雜誌》了。《雜誌》的主持人後來才知道是位打入敵人內部的「地下工作者」，所

以《雜誌》的名聲比《古今》乾淨，當然這是後話了，當年誰能分辨清楚？被傅雷稱之為「我們文壇最美的收穫」；夏志清教授贊之為「據我看來，這是中國從古以來最偉大的中篇小說」的〈金鎖記〉，首發的光榮就是被《雜誌》占去的。鄭逸梅稱當時上海灘三個最有代表性的刊物——《萬象》、《古今》、《雜誌》，最適宜張愛玲的還是要算《雜誌》。《萬象》太多萬花筒般比較鬧的新潮的文字，《古今》又太多「古墓」般沉寂的舊的文字，唯《雜誌》將動與靜、新和舊，調合至中間道路，使〈金鎖記〉、〈紅玫瑰與白玫瑰〉、〈傾城之戀〉、〈茉莉香片〉一類「陳舊而模糊」的文字順暢地開過去。《雜誌》共出三十七期（冊），我先以七百元購得二十多冊，後陸續以十來元錢一冊的價格補得十餘冊，最後僅差的兩冊是書友趙兄的割愛予我，趙兄的《雜誌》已有三十冊，也差不多快齊全了。我有個想法，《雜誌》的豐富性多樣性，足可單獨為它寫成一本書。

《太平洋週報》、《天地》、《雜誌》書影。

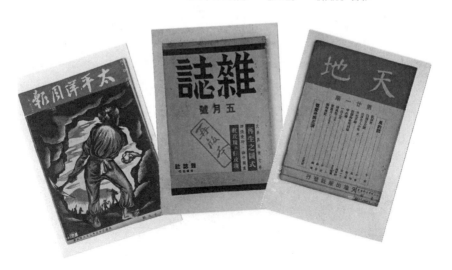

　　《天地》出二十一期，中間幾期的封面畫出自張愛玲手筆。一個女子素面朝天躺倒在地，那面目的曲線一望而知是張氏風格。《天地》是蘇青（馮和儀）主辦。一個女人辦雜誌，蜚短流長少不了，說這說那的，今天的人難分真假。近來頗得佳評的陳存仁著《抗戰時代生活史》，作者親歷淪陷上海，交遊各色人物，閱歷非同一般升斗小民，可書中耳食之談卻亦不少，像這段話「曾經有一位發表『飲食男女，人之大欲也』言論的著名女作家和陳公博有染，陳設法配給她很多白報紙，作家坐在滿載白報紙的卡車上招搖過市，顧盼自喜，文化界一時傳為美談。」即是。女作家是蘇青，蘇青的原話是「飲食男，女人之大欲存焉。」蘇青送《天地》給胡蘭成，胡蘭成看到張愛玲的小說〈封鎖〉，覺得奇好，馬上想見張愛玲，這才有了以後胡蘭成與張愛玲的一段今生今世。《天地》第十八期載張愛玲的〈雙聲〉，不知何故，文章被塗黑了數百字（有細心者數過是305字，唐文標還試著還原了被塗黑段落的文字，我很納悶他用的什麼招，我對著燈泡怎麼也看不清。）估計是張愛玲與炎櫻對話中評價日本文化不小心說走了嘴。我購藏《天地》時圖便宜，全份合訂本是兩百元，而一至十六期才幾十塊錢，心裏盤算先買這十六期，差的幾期慢慢配齊吧。一念之差，就是十多年也沒配齊，又轉念想買合訂本湊齊吧，合訂本已漲到一千五至兩千元一套，心理上接受不了。鬼使神差，又是趙兄非常湊巧地在舊書攤不多不少正好買到我缺的十七至二十一期的《天地》，多一本也沒有。這回我沒讓人家白割愛，找出幾本他喜歡的舊書交換回這五期《天地》。鄭振鐸曾感歎「一書之全，其難如此。」雜誌之全，亦難於上青天。所藏《天地》有幾期蓋有「昆侖影業有限公司圖書」章，某期夾有一張「借閱登記卡片」，卡片的一面已寫滿，十年間有13個人借閱過《天地》，上面竟有關露的名字，借書的時間是「1953‧4‧1」，

還書的時間是「6‧9」。另有一句可説，〈「卷首玉照」及其它〉印在《天地》封面上是「卷看玉照」及其它」。

　　《天地》辦到半截之時，又辦了個副刊型的《小天地》，《小天地》出五期，編者周班公，有張愛玲散文的是創刊號和第四期。《小天地》的來歷是最容易的，那年月我只要把書單遞給舊書店的師傅，過不了一星期，就會給我找來一堆舊雜誌，《小天地》就是這麼得來的，5本全套的，價錢是70元。有人講《小天地》的封面是張愛玲設計的，差矣，是令狐原（米谷）設計的，米谷其人四九後是畫國際時事漫畫的，小時候我就知道這個名字。

　　初次見到《苦竹》，是在京城一位很有名的藏書家的書房，那是我第一次登門，所以給我看了許多藏書。這位藏書家收書一點兒也不受意識形態的束縛。當日看的《苦竹》是全套的共三本，紅綠黃一本一色，創刊號是紅顏色的，正如沈啟无形容的那樣「封面畫真畫得好，以大紅做底子，以大綠做配合，紅是正紅，綠是正綠，我説正，主要是典雅，不奇不怪，自然的完全。」過了很長的時間，我終於也買到了《苦竹》，那個機會得自中國書店的一次超大規模的民國期刊展賣會，書店經理只跟我説了一句：「你就準備錢吧，東西有的是。」我沒有錯失良機，錢不夠，把集了三十年的郵票賣了多一半，近乎拼了老本。如今這樣的機會這樣的價格徹底沒了，大家都覺醒了。張愛玲與《苦竹》的關係一開始就是很明確的，比她投過稿的任何一個雜誌都要明確，這回不必猜測她的動機了，張愛玲給哪家刊物寫稿或不給寫或中途退出好像都是有所考慮甚至有所經營。張愛玲八月和胡蘭成結婚，《苦竹》十月創辦，張愛玲為《苦竹》寫文章，就這麼明確。雖然明確，我還是不大同意余斌先生的猜測「也許是與張愛玲在一起引發了對文學的興趣，加上此時已是在野之人，胡蘭成辦了一份偏重文藝性的雜誌《苦竹》。張愛玲當然是要助他一臂之力的，《苦竹》上有她的三篇作

品，〈自己的文章〉，〈桂花蒸阿小悲秋〉，〈談音樂〉則在她的小說散文中當數上乘之作——她是把用心之作留給了《苦竹》。相當長的時間裏，張的小說似乎都是由《雜誌》包辦的，或者好稿先給它。眼下她卻藏起〈阿小悲秋〉，與登該小說的那期《苦竹》同時出版的《雜誌》只得到一篇無甚精彩的〈殷寶灩送花樓會〉，也見得遠近親疏不同了。」我一直有個疑問：張愛玲除了稿酬，還有沒有其他的收入來源，她那幾年的稿酬總收入大概是多少？靠著這些純寫作收入張愛玲能挺到離開大陸真是一筆苦賬兒。按當年物價水平一年之入支撐兩年之費的話，張愛玲也就寫滿了三年，能夠維持六年，如此計算，離開大陸之前張愛玲差不多要挨餓了。

張愛玲的輝煌隨著抗戰勝利而告一段落，進入相當漫長的冰封期。唯一的迴光返照出現在一九四七年出版的《大家》雜誌，先是創刊號上的〈華麗緣〉，後是二、三期連載的〈多少恨〉（即《不了情》），是丁聰配的插圖。一切都發生了變化，過去總是張愛玲自己畫插圖，用不著別人代勞。這個出版《大家》的山河圖書公司還為張愛玲出版了《傳奇》的增訂本，然後跟著張愛玲一起向舊時代告別。張愛玲、《大家》、唐大郎之流一塊兒向讀者謝幕。柯靈說得又準又好——「我扳著指頭算來算去，偌大的文壇，哪個階段都安放不下一個張愛玲，上海淪陷，才給了她機會。」這段話頗有「國家不幸詩家幸」的意味，柯靈有資格說這話。我存的《大家》是合訂本，所以整本雜誌是切過邊的、好在裏面的圖影十分完整，購入價五百五十元，是打過八折以後的價。《大家》我是在中國書店期刊門市部買的，經手的店員姓韓，是劉廣振的徒弟，而劉廣振的父親就是琉璃廠很有名的「雜誌大王」劉殿文，唐弢先生與劉殿文很有交情。

唐弢早期書話

唐弢在《晦庵書話》的序中説過的關於書話的散文因素的「四個一點」那段話，被作文者引用的近乎濫了，倒是另一段話似乎很少有人注意，唐弢的那段話是──「除原來的《書話》外，本書又收錄了〈讀餘書雜〉，〈詩海一勺〉，〈譯書過眼錄〉，和〈書城八記〉等四個部分。前三個部分是全國解放前為書報雜誌包括《萬象》在內而寫的書話。」這裏説的《書話》是1962年出版的，比較好找，而解放前的報刊雜誌就不那麼容易找了。也不知從什麼時候有的念頭，我想找找四九前原載唐弢書話的刊物（報紙上刊載的書話應該比期刊多，《文匯報》又似最多，我不太收舊報紙，只存有五、

《幸福》的封面。

六十年代《人民日報》文藝副刊上的唐弢「書話」。）唐弢寫書話最早刊載的《萬象》雜誌（1944年），我存有，也寫過；《文藝春秋副刊》（1947年）是一本小型雜誌，上面也有唐弢書話，我也寫過。《文藝復興》雜誌（1948年）的《中國文學研究專號》刊有唐弢〈新文藝的腳印──關於幾位先行者的書話〉，我還沒來得及寫。我是準備找到一種寫一種，把這事做下去，這事沒大意義，但我就是感覺有意思，這裏最先要說的是《幸福》雜誌中的唐弢書話，比起上面的幾種刊物，《幸福》的知名度低得很，它在現代文學期刊史上屬於無名之輩。我買《幸福》時沒遇到什麼像樣的抵抗，所費無多。

一、《幸福》雜誌中的唐弢書話

《幸福》1946年4月創刊於上海，小32開本，每期90頁到120頁不等，封面豔麗，出到第26期終刊，這一期的封面由麥桿設計，開始的內容比較雜，越到後面文學作品越多，是本以文學為主的綜合刊物，作者有趙景深、施濟美、劉北汜、施蟄存、孫用、姚雪垠、劉盛亞、鍾子芒、石琪、戈寶權、王統照、李白鳳等。主編沈寂，當時才是二十出頭的文學青年，寫有多部小說，已小有文名，被稱為「四十年代後半期上海文壇浪漫主義小說的主要代表。」我過去藏有《幸福》，還藏有幾本《幸福世界》，一直沒把兩者連到一塊，直到讀了陳青生的《年輪──四十年代後半期的上海文學》，才明白它們是同一種雜誌。陳青生在書裏有一條注解──「據沈寂先生說：《幸福》出版最初的兩期後，被從大後方返滬的劉以鬯看到。劉以鬯早先在大後方也辦有同名期刊，有政府頒發的出版許可，並有意在在抗戰結束後遷滬續出該刊，故託人告知沈寂。按當時政府的有關規定，劉以鬯的《幸福》獲准登記出版在前，如在滬續出，沈寂主編的刊物便不得使用該名。為此，沈寂便

自第三期起將刊物易名為《幸福世界》。不久，劉以鬯認為沈寂的刊物辦得不錯，便打消了在滬續出《幸福》的念頭，且託人告知沈寂。沈寂遂從第六期起又恢復了《幸福》刊名。劉以鬯以後也成為《幸福》的主要作者。」

這條注解有一點與實際情況不符，《幸福》從第三期改稱《幸福世界》，是對的，但「沈寂遂從第六期起又恢復了《幸福》刊名」就不對了，是遲至第二十期才改回《幸福》的，也就是說，這本雜誌的1-2期，20-26期叫《幸福》，3-19期叫《幸福世界》。還有一細節不為人知，3-19期的《幸福世界》中有幾期的封面只有「幸福」而無「世界」字樣（雖然在版權頁注明是「幸福世界」，但出版者的用意很顯然的。）還有的是把「世界」寫的很小，不注意就以為是本叫《幸福》的刊物。期刊的版本歷來不受重視，不得不多加小心。

唐弢的書話發在第23期（1948年12月），是四則短小的文章——「自費印書」，「旅程」，「王一榴插畫」，「浮斯德獻詩」。這四則書話除了「王一榴插畫」，後均收入《晦庵書話》，「自費印書」題目未變，「旅程」加了書名號，「浮斯德獻詩」改為「《浮斯德》獻詩」，過去老的排版對書名號比較馬虎，可用可不用，不用有的地方就令人糊塗，如「自費印書」最後一句「我藏有學文數冊，他日有便，當將海盜船借歸，就野狗異同，細細校勘一番也。」這裏面應該有三個書名號，舊書刊版本熟悉的讀者不至於被難倒，為難的是不太熟的讀者。「自費印書」的文字收書時，唐弢作了不少改動，可以看出這些改動的目的是為了適應現在讀者的閱讀水平，古僻生字都改沒了，句式儘量向白話靠，唐弢書話的風格是從古書題跋那轉承下來的，改來改去，離題跋遠了，離散文近了。

「旅程」收《晦庵書話》時也像在《幸福》初載時一樣，排在「自費印書」後面，這兩篇書話很可能是前後腳寫的，拆開就不

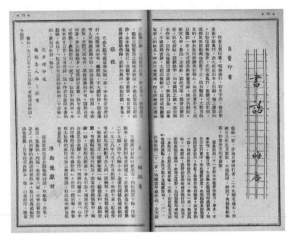

晦庵《書話》版面。

妥了，因為第一篇有云「昨於巴金案頭，得見孫毓棠所贈海盜船一冊，亦為自費印行者。」而第二篇開頭就是「巴金又藏有邵冠華旅程一冊，亦由作者自費印行。」如果兩文不緊挨著，那個「巴金又藏有」的「又」字就顯得多餘了。

「浮斯德獻詩」收書時文字亦略有改動，標點的改動有一處很是典型的搞笑，原文是「令人興西施媒母之歎」，改成「令人興西施、媒母之歎」，多了個頓號，大謬，不會是唐弢先生改的罷，很像是編輯幹的，他怎麼不把此句前頭的「判若天壤」改成「判若天、壤」？如果不對照初刊本，只讀現在的，很可能冤枉唐先生的。

「王一榴插畫」，我沒在《晦庵書話》裏找到。寫到這，牽出一個想法：集合大家的力量，能不能編一本收集齊全的唐弢的書話集子？這不該是很難做到的事，也許就是很難做到的事。

二、〈新文藝的腳印——關於幾位先行者的書話〉

唐弢在《晦庵書話》的序中說「除原來的《書話》外，本書又收錄了〈讀餘書雜〉、〈詩海一勺〉、〈譯書過眼錄〉，和〈書城

八記〉等四個部分。前三個部分是全國解放前為書報雜誌包括《萬象》在內而寫的書話。那時的情形是，隨手買到一本，隨筆寫上幾句，興之所至，根本談不到什麼預計與規劃。因此有的作家一談再談，有的作家沒有提及——這一點並不代表我的主觀的好惡。」有一回，唐弢寫作書話時不像上面所説的「根本談不到什麼預計與規劃」，而是很是規劃了一番，這就是發表在《文藝復興》雜誌「中國文學研究號（下）」的長篇書話：〈新文藝的腳印——關於幾位先行者的書話〉，説它是長篇因為它是由22篇「書話」組成的（約17,000字），用22篇書話紀念22位逝去的新文藝作家，這方式，是唐弢先生的方式，沒有第二個人這樣做過。書話，一直被學界看作閒花野草一路的貨色。

　　《文藝復興》是抗戰勝利後最重要的文學刊物，由鄭振鐸，李健吾主編，錢鍾書的名著《圍城》最初就是在《文藝復興》連載的。1982年李健吾回憶道——

《文藝復興》之《中國文學研究號》，封面畫《屈子行吟圖》（明陳老蓮作）。

「《文藝復興》這份雜誌，是日本投降後，上海方面出的唯一大型文藝刊物，也是中國當時唯一的大型刊物。現在中青年可能知道它的人怕是很少了。倡議者是1958年在蘇聯空中遇難的鄭振鐸先生。他個子高，興致高，嗓門高，氣派也大，人卻異常忠厚。他的太太經常作福建菜給客人們吃。……解放後，有一次不知道是在什麼場合，周揚同志忽然談起了《文藝復興》，説，這份雜誌只有兩個人編，大家應該

向他們取經嘛。李健吾還回憶，《文藝復興》無所謂編輯部，他和鄭振鐸的家就分別都是編輯部。

除了正刊之外，《文藝復興》還出過「中國文學研究號」，分上中下三冊，上冊1948年9月出版，中冊是同年12月出的，而下冊出版的時候上海已經解放了（1949年8月），編輯人員除了鄭振鐸，李健吾，第一回出現了唐弢的名字。鄭振鐸是現代文學期刊史上三大名刊的親歷親為者，巧的是，這三大名刊所出「文學研究專號」，鄭振鐸都是主事者。二十年代的《小說月報》第十七卷以「號外」的形式出了《中國文學研究專號》（上下兩冊），鄭振鐸是該刊主編；三十年代大型刊物《文學》的第二卷第六期是《中國文學研究專號》，而鄭振鐸也是該刊主編，專號前面有「文學畫報」，刊出大量「明刊戲劇書影」，這些圖片很有可能出自鄭振鐸私藏。在《文藝復興》專號的「題辭」裏，鄭振鐸回顧了前兩個專號的啟蒙意義及深入性專門性的切實研究成果，跟著他就提出了新的專號面臨的新的研究方向新的課題。讀了「題辭」再看過專號的篇目，唐弢的書話實在是無關宏旨的，跑了題的，時代最近的，唯一的論「今」之文。早在專號（下冊）出版之前，鄭振鐸已到了北平忙碌著新中國未來的文化創建──那裏有許多比一本雜誌重要得多的事情。

《新文藝的腳印》全部22個小題目抄在下面，括弧裏是「先行者」的名字（題目已明示的不再加注）：

〈自選集的由來〉（魯迅）

〈瞿秋白〉

〈以身殉道〉（柔石）

〈丁玲的丈夫〉（胡也頻）

〈梁遇春〉

〈朱湘書信集〉

〈文人厄運〉（羅黑芷）

〈走向堅實〉（許地山）

〈朱自清的文體〉

〈革命者，革命者〉（聞一多）

〈《沉淪》和《蔦蘿》〉（郁達夫）

〈釋《幻滅》〉（王以仁）

〈撕碎了的《舊夢》〉（劉大白）

〈半農雜文〉（劉半農）

〈詩人寫劇〉（徐志摩）

〈女作家黃廬隱〉

〈文學家中的教育家〉（夏丏尊）

〈新聞學者〉（謝六逸）

〈鄉土文學〉（王魯彥）

〈今龐統〉（彭家煌）

〈蔣光赤哀中國〉

〈《長安城中的少年》〉（王獨清）

此22篇書話有21篇收入《晦庵書話》，唯一未收的是講王獨清的《長安城中的少年》這篇（2008年2月13日案，此文後收《唐弢文集──序跋書話卷》），唐弢寫道：「我於獨清生疏得很，記得有一位朋友曾告訴我：這個人的政治傾向十分古怪，但人卻是好人。我於此語，深信不疑，因為在我們的這個社會中，是確有這樣的所謂『好人』的。從獨清的作品裏，你可以讀到無數的死，血，眼淚，呼喊，歌唱，愛情和革命。這個人，『長安城中的少年』，他擁抱了知識份子的熱情和才具，更重要的是：又充滿了知識份子的缺點。」收與不收，作者自有他的考慮，既使是收進去的舊作也不會

完全是原來的樣子了，某些修改修飾得很技巧，好像雪天的腳印由紛紛的新雪掩蓋。

題目改的有：〈瞿秋白〉改為〈絕命詩〉；〈梁遇春〉改為〈兩本散文〉；〈丁玲的丈夫〉改為〈丁玲和胡也頻〉；〈朱湘書信集〉改為〈詩人朱湘〉；〈朱自清的文體〉改為〈朱自清〉。改變題目的原因有的很容易理解，前兩個題目為何這麼改不好理解。

在〈瞿秋白〉的結尾唐弢這麼判斷：「此詩隱含諷喻，頗疑其有所實指。與所傳絕命詩相較，沒有那種空渺，執此而論前詩，斷為非秋白集句，或亦不無見地也。」而到了〈絕命詩〉，口氣變成：「這詩隱含諷喻，疑其有所實指。與所傳絕命詩相較，雖然文言白話，兩不相同，但沒有前詩裏那種空茫的感覺，卻是十分顯然的了。」好像不再懷疑絕命詩「非秋白集句」了。另外，把「秋白雖以書生而出主政事，然勤敏利達，要非捏筆桿子的朋友所能望其項背！」改作「他以書生從事革命，而勤敏練達，氣魄博大，要非捏筆桿子的朋友所能望其項背！」就不能說改得好，不改又何妨，我喜歡唐弢先生過去的文風。注意這些改動多了，就是沒看到原文的樣子也大致揣摸得出哪些是新時代才說得出來的話語，新社會有可能說舊社會的話，舊社會不可能說新社會的話，整舊還應如舊，一新即假。

〈撕碎了的《舊夢》〉改刪尤多，自「簡直和小學生字典一樣」至「原來，大白本名金慶棫」一段是新寫，刪去了很重要的關於幾個版本要素的話，當然所引周（周作人）序的幾句話更要刪了，末句「細讀《舊夢》，的確使人有這樣的感覺。」加上此文最後一長段（也是新寫），完全由原來的版本趣味變為現在的對劉大白這個人的評判，連「既據要津，漸忘來路」也是從魯迅那生剝來的。讀這樣的書話，很容易使好感一點點消減。此文最後原是「但此書絕版以久，頗不易得，月前見之於河南路書攤，攤主固不識書，但能

辨人，知道我喜歡藏書，認係珍籍，遽索高價，貴出他人數倍。平時交易，雖常書不免，亦可惡也。」買書人與賣書人原本即是歡喜冤家，唐弢這番牢騷早一輩的藏書家誰沒發過，黃丕烈，周越然發的罵的均白紙黑字地留到了現在。周肇祥所著《琉璃廠雜記》裏，這樣罵人的話太多了，他甚至憤憤然寫道「廠肆俗估，性質幾如一母所生。稍數過之，則鬼蜮無所不至，一經拒絕，則又靦顏相就，純是一種偽詐行為。或謂若輩身有賤骨，投之豺虎，亦所不食。其言雖奇，亦可見其惡習之入人深矣。」另記「英古徐估狡詐，陶氏弟兄憤而欲毆之，此前年事也。」另如「故有多家，入門見其人即作嘔……其言齷促齪齪不可聞……余嘗言謂若輩直須餓死乃乾淨耳。文墨之林而廁此豎，金盆盛狗屎矣。」簡直就是破口大罵了。時代是變了，但人性不會改變，唐弢先生真是多慮了，修整得越乾靜，離真實越遠。

　　花一點時間比較作家舊文新刊後的修改增刪等細小之處和微妙之處，難説有多大的意義，還會招人討厭，可是你不知道這事多有意思，當然這事不是版本學所謂的校勘，只是屬於個人閱讀趣味。

三、《時與文》中的唐弢書話

　　我看書很不仔細，寫東西也就很不仔細，有些書就在手邊，卻經常睜著眼睛説瞎話。這些天斷斷續續在寫唐弢的早期書話，見了報的有幾篇，裏面有兩段説錯的話趁此機會更正一下（我也在底稿中備了案）：一，「『王一榴插畫』，我沒在《晦庵書話》裏找到」（2008年2月13日案，此文後收入《唐弢文集——序跋·書話卷》）。二，「此22篇書話有21篇收入《晦庵書話》，唯一未收的是講王獨清的《長安城中的少年》這篇」（2008年2月13日案，此文後收入《唐弢文集——序跋·書話卷》）。《唐弢文集》十卷，我沒全買，但書信卷和

序跋書話卷我是買過的，可是寫文章時竟忘記了參考，這回寫《時與文》是一個改正的機會。

抗戰勝利後，上海出現了很多時事政論性刊物，最有名的是《週報》、《觀察》、《民主》幾家。這些刊物多為一週一期，時效性強，能及時報導和評論重大事件。還有一個特點，它們的製作大多粗糙，外封和內頁用一樣的紙，讀起來其實就像讀一份折疊的報紙——只不過外型是期刊的外型。在這樣嚴肅的期刊裏，編者並沒有忘了使用文藝的手段來消減長篇大論帶來的沉悶感，版面的美化同樣也缺少不了文化小品。多少年以後，時事最先褪了色，政論的鋒芒刺傷了自己，唯有文化存活的不錯。《時與文》雜誌在刊名上直接表達了這種綜合性，但是它也沒有改變文化是政治的點綴物，是政治附屬品的格局。

《時與文》總出71期，歷時一年半（1947年3月-1948年9月），而刊有唐弢書話的只有三期，此外唐弢還寫了幾篇雜文。這三期書話一期寫郁達夫，一期寫的是〈「新月派」〉和〈朱湘詩集四種〉，另一期寫的是俞平伯。寫郁達夫的一篇設三個小題：「沉淪」、「蔦蘿」、「達夫全集」，收入《晦庵書話》時前兩個小題並為一個「《沉淪》和《蔦蘿》」，而「達夫全集」一文是做為集外文收入《唐弢文集——序跋·書話卷》的。〈「新月派」〉改題〈新月詩選〉收《晦庵書話》，〈朱湘詩集四種〉不知下落。在此說一句，唐弢書話的書影圖片在《書話》、《晦庵書話》、《唐弢文集》裏是不一致的，有的文章原來沒圖後來有了，有的原來是一幅後來又多加了一幅，還有的是換了圖片（譬如「《域外小說集》」的圖片，三本書三個樣）。

寫俞平伯的一篇是兩個小題：「俞平伯散文」，「〈冬夜〉」，收《晦庵書話》時分攔兩處了，題目未變，文字稍有改寫。唐弢當年寫道「平伯有詩集曰《冬夜》，曰《憶》，曰《西

還》，此後真的不曾再出詩集。《憶》在前面已經讀過，《西還》一集，至今未得。蕭縮寒齋，固是書海一夕而已。」收書時改了，因為唐弢先生後來收集到了《西還》，並且寫了一篇「頗近於溫，李一路」的短文；一同被改掉的還有唐弢先生當時低徊的心緒。有人建議文後應屬寫作日期，是有道理的建議。

關於俞平伯的散文集《燕郊集》，唐弢說過一段話「除收良友文學叢書，用沖皮面裝釘外，另有一種特印本，紙面平裝，由平伯自署書名，飾以黑色直條。平伯字本秀麗，年來更趨平實，用作書面，醇樸可喜。此本內容與叢書本無異，惟叢書本印刷不佳，間有闕字，此本則完全補足，且所用道林紙質純色白，遠較叢書本之米色道林為佳，友人黃裳亟稱之。」《燕郊集》特印本，我的友人四年前在琉璃廠舊書店買到過一冊，告之姜德明先生，姜先生說他沒見過這書。我們這一代愛書人都以為「良友文學叢書」夠好了，誰知道這種米色道林紙還不夠好。周作人也說過「此種紙微黃而光滑，便於印鋅版，出於日本，在彼地則不用於印書，只供廣告傳單之用，不知來中國後何以如此被尊重，稱之曰米色紙，用以印精裝本，此蓋始於開明書店，旋即氾濫全國矣。中國為印書最早之國，至今而忘其經驗，連一張紙的好壞亦已不能知道，真真奇事也。」（1939年1月〈印書紙〉）我不知道俞平伯做特印本的初衷，巧合的是，在這套叢書裏周作人的《苦竹雜記》，也出過特印本，但不如《燕郊集》「特」的徹底，封面是周作人自署書名，但裏面瓤子與叢書本一樣一樣的，還是周作人痛恨的那種米色紙。

四、魯迅書話六章

我以前說過：「也不知從什麼時候有的念頭，我想找找四九前原載唐弢書話的刊物（報紙上刊載的書話應該比期刊多，《文匯報》又似

最多，我不太收舊報紙，只存有五、六十年代《人民日報》文藝副刊上的唐弢書話）唐弢寫書話最早刊載的《萬象》雜誌（1944年），我存有，也寫過；《文藝春秋副刊》（1947年）是一本小型雜誌，上面也有唐弢書話，我也寫過。《文藝復興》雜誌（1948年）的《中國文學研究專號》刊有唐弢〈新文藝的腳印——關於幾位先行者的書話〉，我也寫了。我是準備找到一種寫一種，把這事做下去，這事沒大意義，但我就是感覺有意思。在《文訊》中發現載有唐弢（風子）的書話，當然是要寫出來的。

這幾年，接連在舊書店淘得《文訊》雜誌，且經常是「文藝專號」，便注意起這份雜誌來。前幾天，又幸運得到了它的終刊號（也是「文藝專號」）第九卷第五期，另外還得到了第五卷第一期（本期是「風物志專號」）。「風物志專號」買來時極骯髒，換個有潔癖的人就放棄了。我把封面拆下來放進水盆裏裏煮開（放一丁點兒洗衣粉），浸泡半小時，再用清水漂一遍，像一塊髒石頭洗淨後煥發出美麗的本色，封面在清水的盆底突然顯現出悅目的色彩。我修整過無數的封面，這一張還原的效果是最好的。

更令人愉快的是《文訊》入手後沒多久，接連讀到了兩篇談《文訊》的大作，使我對《文訊》的有限瞭解立馬豐富起來，真該感謝那些挖資料寫資料的研究者。一篇是陳江先生的〈謝六逸在貴陽文通書局及其晚年〉（載《出版史料》2005年第2期），另一篇是張國功先生的〈貴陽文通書局的歷史與啟示〉（載《博覽群書》2004年第11期）。陳江先生說：「筆者在去年秋天編完了編輯家謝六逸的長篇年譜，採用近似『長編』的格式，突出學術資料性，儘量地在寂寞、耐心，韌性中鈎沉到的史料多加摘錄，便於有心人採擷。」陳先生真是為他人著想，謝謝了，我馬上就用上了幾條。

　　《文訊》由謝六逸主編，1942年創辦，由貴陽文通書局出版發行。「《文訊》月刊共出9卷55期44冊，為西南一地，為抗戰中的中國出版業塗抹了異彩耀眼的一筆。」（張國功語）

　　謝六逸，《文訊》，文通書局，串成現代文化期刊史的一個閃光點。張國功說近代出版史的研究忽略了「文通書局」這樣曾經與商務、中華、世界、開明、大東、正中齊名的書局。文通書局成立於1909年，僅次於成立最早的商務書局（1897年）。

　　在「謝六逸年譜」中有關「風物志專號」有如下記載——1944年7月16日，《文訊》第5卷第1期「風物志專號」出版。刊登了勞貞一〈論現代的喪禮問題〉等17篇文章。本期署名顧頡剛，謝六逸、婁子匡、岑家梧編輯。謝六逸在〈編輯後記〉說：「本刊已經出版四卷，從這一期起改出專號，得了『中國民俗學會』的幫助，供給稿件，我們不勝感奮。」

　　《文訊》最後階段交給臧克家主持，並將編輯部移到上海，臧克家說：「一個在內地經受了種種磨難而新遷到上海來的刊物在準備以更大的勇氣接受更大的磨難。」在上海，《文訊》於「七卷五期」、「八卷五期」、「九卷一期」、「九卷三期」出過「文藝專號」。「九卷三期」還是「朱自清悼念專輯」。最後仍是以「文藝專號」結束了刊物的生命（1948年12月）。為了紀念《文訊》曲折的刊史，應該將最後一期的目錄抄下來：

　　　一種劇　李廣田
　　　關於現實主義和自然主義（A・K・華西利也夫）　何家槐
　　　論托爾斯泰的「哥薩克」　潘凝
　　　魯迅書話六章　風子
　　　阿Q的出處　田仲濟
　　　魯迅著作需要疏證　林辰

　　《魯迅書話六章》還有一個副題「為魯迅逝世十二周年紀念作」。這六章就是六篇書話，都不太長，最短的一篇〈三遷〉不足一百字。此六篇題目是「捨金上梓」，「出了象牙之塔」，「三遷」，「文藝理論小叢書」，「正名」，「敲門的聲音」，它們全部收入《晦庵書話》，而且不像唐弢其他書話舊作收入書中時的慣常作法，此次六篇書話的文字未做大的修改，意思未做過多不合理的轉變逢迎（只在「捨金上梓」內有一處不易察覺的改動露出了一點心思。原文是「施文裏的所謂某先生，指的也是魯迅，『以子之矛，攻子之盾』，在蟄存，的確是相當得計的。」改為「施蟄存文章裏所說某先生，指的就是魯迅，『以子之矛，攻子之盾』，在蟄存，大概是自以為相當得計的。」）六個題目亦未改，可說是唐弢四九前書話文章最原生態的初貌，所不同的是收書時都加了書影，增添了閱讀的趣味。

邵洵美一個人的雜誌畫報史

幾年前我寫過《海上才子‧邵洵美傳》的書評，其中有一段話「林淇（該書作者）先生在邵洵美已有的那麼多個『家』（散文家，翻譯家，詩人）的身份之後，又加了個『集郵家』，其實這些個『家』都不足以概括邵氏的事業，出版家才是最要緊的。」現在我還是持這一看法，有些事當時不作就永遠彌補不了了，邵洵美主持，參與，出資，主編的那些書刊是會世世代代留傳下去的，有和沒有這些打上了邵氏印記的出版物，會很大程度上影響後世對邵洵美的評價。

《時代》畫報，封面畫作者為龐薰琴，另一幅為攝影。

邵洵美是大出版家，有自己的書店（「時代書店」）；有自己的出版公司（「時代圖書出版公司」），因此，邵洵美出版的雜誌多有以「時代」命名的，如《時代漫畫》，《時代畫報》，《時代電影》；有自己的印刷廠（「時代印刷廠」）；有從德國進口的中國當時第一臺影寫版機器（這套影寫版印刷設備，包括有兩層樓高的印刷機，另有照相設備，磨銅機，鍍銅機等一系列設備。解放初，這套機器作價讓給人民政府（讓價約為五萬元，當初購新機時是五萬美金），新中國第一畫報《人民畫報》即是由這臺邵洵美1932買的印刷機印出來的。我收藏有這臺印刷機印出來的《時代畫報》，又收藏有這臺機器印出來的《人民畫報》，意義自非一般。關於這臺影寫版印刷機有不少傳奇的經歷。據一直跟隨著這臺機器的老工人回憶，機器已光榮退役。）當年他辦的刊物印製的何等精美。其實，這只是為邵洵美抱不平的一個方面，邵洵美對三十年代文化的貢獻是全方面的，是三十年代文化人中被低估的最為嚴重的一位。

　　單以期刊畫報為例，邵洵美親自參與的即有：《獅吼》（1928年），《金屋》（1929年），《新月》（1928年），《時代畫報》（1930年），《詩刊》（1931年），《論語》（1932年），《十日談》（1933年），《人言》（1934年），《時代漫畫》（1934年），《萬象》（1934年），《時代電影》（1935年），《聲色畫報》（1935年），《文學時代》（1935年），《自由譚》（1938年），《見聞》（1946年）等。我有幸收存這些刊物中的大部份品種，我本無心作「邵迷」，卻實際上做了，這也許是我對邵洵美的方方面面有興趣的另一原因，談起他來距離拉得比別人近一些，事已至此，我對昔日輕率地放棄《獅吼》而後悔（此刊及《金屋》是我所失藏的），為什麼放棄，因為嫌它太過於破爛不堪了，現在來看《獅吼》比《金屋》還稀有，只有那些在大圖書館供職的研究者，才有機會近水樓臺地接觸舊刊並從容取閱發表論文。李歐梵

説「供職於上海圖書館的張偉先生是唯一的對『獅吼社』做了研究的中國學者。」（張偉的論文為《獅吼社芻論》）

前向把寒齋所存的與邵洵美有關的刊物整理了一下，挺有趣味挺有成就感，此項收集工作如果現在才著手的話，很難做成這樣的規模了，時過境遷──對收藏這等事説來尤為如此。

《新月》存毛邊創刊號，另存散本十數期。最想得到《徐志摩紀念號》。

《時代畫報》總出118期，存包括終刊號在內的三十幾期。前向有機會買到汪曾祺舊藏的幾十本此刊，無奈要價太高並須與幾十本《良友畫報》合售，只好放棄。

《詩刊》，存另本。

《論語》總出177期，我耗時二十年搜羅此刊，現仍缺11期。

《十日談》原為八開本，後讀者提意見改為十六開本，我原存十數期，近日又得十數期，可是仍不全。

圖上：《詩刊》書影。
圖下：《十日談》的漫畫封面。

《人言》，存一合訂本。

《時代漫畫》總出39期，我先以低價得二十餘冊，後零星配得幾冊，離全璧尚遠，亦不作此念想也。拙書《漫畫漫文》從此刊中取材不少。

《萬象》，取名「萬象」的雜誌有好幾種，我說的這本《萬象》的書影在姜德明著《書衣百影》中有展示，此刊出了三期，我藏的是全份，假如它出的期數多，攢齊就困難了。

《時代電影》，舊電影刊物很搶手，價格一直很辣手，現在根本買不起，我存的幾本還是早先買的了，拙文〈民國電影雜誌過眼錄〉內有此刊的圖片。

《聲色畫報》，它使人想到「聲色犬馬」這聲名狼藉的詞，用它作雜誌的名字，真要頂住世俗的非議，其實它的內容並無大出格，我有兩本。

《文學時代》，我存創刊號，最不可思議的它竟是儲安平的簽名本。儲安平是「活不見人，死不見屍」的大悲劇人物，天地間我不知道我這本是不是孤本。

《自由譚》總出八期，我只有第一期，得自拍賣會。聽別人講我沒有的那幾期非常漂亮，我卻連看一眼的眼福也沒有。

《見聞》是唯一一本出版於戰後的刊物，它離文學和文藝很遠，它是一本時事類刊物。我存有含第一期在內的十數期。關於此刊，只見過姜德明先生寫的〈邵洵美與《見聞》〉這一篇，姜德明還寫過〈邵洵美與《自由譚》〉，好像除此之外就沒人寫過了。

邵洵美去世的1968年，我正在家等待分配，這一年留下的印象是很燥，很亂，很不知所措，國家是這樣，個人更是這樣，8月28日我被分配的內蒙草原插隊，在那待了八年。今年是插隊四十周年紀念，我抄了幾萬字的舊日記。1968年死了很多的文化人，我當時就知道一些，但不知道邵洵美，那個年代沒人知道邵洵美，課本裏沒

有的就是不該知道的。近來邵洵美的名字似乎又比較多的被提到了，關於他的書市面上也能看到若干種了，有傳記，有家人的回憶錄，邵洵美的文集也出版了，這位當年被魯迅貶得很不堪的文人重新得到尊重。三十年代有一幅很有名的漫畫〈文壇茶話圖〉，人物眾多，集一時之盛，畫中有魯迅、巴金、茅盾、林語堂、冰心、周作人、鄭振鐸、沈從文、葉靈鳳、郁達夫、老舍、施蟄存等，而「坐在主人地位的是著名的孟嘗君邵洵美」。漫畫不能說明全部問題，但這個信號是明顯的——邵洵美在三十年代的文壇是位中心人物，雖然自那時起邵洵美就越來越邊緣化，七十年後他又被人們重新提起，甚至於試圖再現邵洵美三十年代的光彩。上海有家電視臺找到我，他們瞭解到我私人收藏了不少邵洵美主辦的舊畫報舊文學雜誌，想在這檔邵洵美專題的節目裏多一個視角。我不願意在電視節目裏談邵洵美，——談不痛快；我跟編導說我不參加節目錄製，就在電話裏聊聊邵洵美吧。

說到邵洵美就不可避免的要提起魯迅對邵洵美的評論，這雖是不愉快的回顧，卻又是繞不開的。在魯迅先生筆下，邵洵美的出場，名字前面總會冠以別稱的，譬如「邵公子」，「自稱『詩人』邵洵美」，「富翁贅婿」，「美男子之譽的邵洵美君」等等。但凡魯迅對某人有了成見，某人的名姓就會首當其衝地代主人受過了。邵洵美一開始是寫詩的，1928年5月出版詩集《花一般的罪惡》，這書的原版本很難找，此詩最初是發表在《一般》雜誌四卷一期（1928年1月），我忽然想到去年夏天重金買的十幾本《一般》，裏面正好有初刊《花一般的罪惡》的這一期，此詩的上頭還有錢君匋作的題頭畫，我本無心做「邵迷」，卻每每在紙面上碰到邵洵美。在這期《一般》上還有一條啟事，是章克標寫的，他要「徵求」《獅吼》半月刊，並稱「備有相當酬報」。《獅吼》有邵洵美的背景，在當年就這麼「一刊難求」。邵洵美對文化事業做了很多的事，他辦了那麼多的刊物，他沒做過一件壞事，甚至於連一件「不對的」

事我也覺的他沒幹過，所以只好拿「富翁贅婿」與「欲登文壇，須闊太太」來做文章了。

惹得魯迅很不高興的邵洵美的〈文人無行〉發在《十日談》，魯迅為此寫了一篇超長的雜文（魯迅說「真的且住。寫的和剪貼的，也就是自己的和別人的，花了大半夜工夫，恐怕又有八、九千字了。」）魯迅文章裏的引文用的是「剪報法」，不然的話，八、九千字一字一字寫去怕是一整夜也寫不完。最近看到一封二十年代胡適寫給錢玄同信的原跡，其中所引《老殘遊記》一段即為剪報，貼得整齊。可是，貼剪報原是為了省些寫作的工夫，那連寫都不必寫，豈不最省工夫。熬夜寫出「又是有名的巨富『盛宮保』的孫婿」，「這兩位作者都是富家女婿崇拜家」，「但邵府上也有惡辣的謀士的。」這樣的字句，損害了魯迅的健康，連魯迅自己都說「給『女婿問題』紙張費得太多了」。現在好了，邵洵美的文章大家也可以看到了，至於不至於讓魯迅寫八、九千字你自己去判斷。譽者或過其實，毀者或損其真。毀者，稱人之惡而損其真。譽者，揚人之善而過其實。最能說明問題的是在上海淪陷時期，邵洵美一點兒動靜也沒有，不寫（集郵文章除外），不說，不作事，不出面，這也許就是我們習慣說的「大節」——也許是我們故意忽略的「大節」。在對抗審查制度上邵洵美和魯迅本是一戰壕的，只是由於種種的難以說得清的原因，許多誤解拖延至今，當事人也都不在了。一個誤解發生了，十次辯解也難以消除。

朱樸與《古今》雜誌

曹聚仁到了香港，四九後他定居在那，來來回回跑內地挺自在的，聽說他於統戰出力不少。三十年代的那撥文人，曹聚仁後來的境遇算是風平浪靜的，所以能寫很多東西，還能像三十年代編《芒種》、《太白》那樣編刊物，1953年他在香港編的《熱風》雜誌，我搜羅到一些，狹長的開本，薄薄一冊很是別致，內容多為文壇舊聞掌故亦討人喜歡。某期「文壇談往」欄目，曹聚仁（署「捣生」）寫了一篇「《古今》與《南北》」，內云「昨天，我寫了一篇文壇掌故，給朱省齋先生看見了被撕掉了；古今半月刊的主編者，頗有嬴政焚書坑儒的風度。我問他為什麼撕我的稿子，他說你寫得太真實了。寫得太真實的稿子，就得被撕掉，我倒學了一個乖；所以，談掌故的，多少要撒點謊的。——一笑。我上月從朱先生處借得了他所寶藏的古今半月刊合訂本，這可害得我夠苦了；差不多有三天三晚沒有好好兒睡覺，就有兩個星期的餘暇時間，花在古今之中，不知誤了多少正事？《古今》半月刊，究竟是怎麼一種刊物？會這麼迷人呢？」

四十年代上海有一本文史掌故雜誌《古今》，在它的第32期封面上，開列了一份「本刊經常執筆人姓氏」的大名單。《古今》的作法在期刊界並非僅此一家，但是將全部作者全部列在封面，似僅見。名單如下：汪精衛、周佛海、陳公博、梁鴻志、周作人、瞿

兌之、徐一士、徐凌霄、謝剛主、吳湖帆、朱樸之、吳翼公，樊仲雲、趙叔雍，陳乃幹，沈啟无，謝興堯、周越然，紀果庵、文載道、沈爾喬、朱劍心、鄭秉珊、馮和儀、陶亢德、龍沐勳、金雄白。予且、袁殊、南冠、白衛，小魯、笠堪、楮冠、銖庵、左筆、心民、識因、經堂、微言、病叟、何淑、黃胄、拙鳩、夏曼、姜公、何心、何戡、南山、白水、志雄、蘇青、堯公、堪隱。周黎庵、周幼海、諸青來、李宜倜、柳雨生、金息侯、汪向榮、何海鳴、陳廖士、胡泳唐、周樂山、楊鴻烈、陳旭輪、石順淵、葉雲君、趙正平、王治心、江亢虎、楊靜庵、錢希平、周炎虎、陳耿民、張素民、李耕青、姜賜蓉、魯昔達、周夢莊。正巧八十一位，正應了旁邊一聯「八十一家文字奇」。但是，瞭解該刊內幕的人知道，這名單「秀」的成分多有。中間那排的「南冠」「楮冠」是黃裳的筆名；「銖庵」即瞿兌之；「笠堪」即周黎庵；「堯公」「堪隱」即謝興堯。「馮和儀」即蘇青等等。局外人不知，主編《古今》者不會不知，一人充二人充三人充四人，哪裡來的八十一家？因為截止在32期，所以名單中沒有張愛玲，張愛玲在《古今》只有兩篇，一篇〈洋人看京戲及其它〉（第34期），一篇〈更衣記〉（第36期）。這兩篇早先是英文寫成的，發表在《二十世紀》雜誌。

朱省齋即朱樸，1943年在南京創辦《古今》。過去我不夠瞭解，現在我相信朱樸的話「竊以梨棗之資，均出私家；涓滴之微，未由公府」《古今》並無玄深的背景；我也相信朱樸辦刊的初衷是「去年十月十六日，我所最心愛的長兒（榮昌）夭折於青島，時離其生母之亡，尚不到一年。我經此打擊，痛不欲生，對於自己的前途，抱有萬事俱休，只欠一死之慨。因此寄居滬濱，終日徘徊，自己不知怎樣才能遣此無聊的餘生。有一天，忽然闊別多年的陶亢德兄來訪，談及目前國內出版界之冷寂，慫恿我出來放一聲大炮。自維生平一無所長，只有對於出版事業略有些微之經驗，且正值精神

一無所託之際，遂不加考慮，立即答應，計籌備之期，不到兩月，古今創刊號，遂於今年三月二十五日出世。」（《古今》創刊號僅印1,500冊，雖一售而空，亦未加印，於此可知確為個人資金，假如有大背景的話何不多印何不加印呢。）朱樸多次表達喪子之切痛，《古今》的停刊也是由於朱樸哀痛之情彌久未能釋懷──「最近，我的意志益形銷沉，追念亡兒無時或已，不獨對於其他一切感覺厭倦，就連本刊也感覺到厭倦了。兩個月前，偶與少數友好閒談及此，他們都大為驚異，說古今如果停辦，未免太可惜了，希望我不要如此消極。只有最近從北方來的兩位朋友──一位是王古魯先生，一位是謝剛主先生，他們於惋惜之餘，倒頗同情於我的心境。還有一位是知堂老人，前天來信說古今停刊後他也不想再寫文章了。」（《古今》第57期「小休辭」過去聽信論家的說法，只看到為《古今》寫稿的是哪些人便想當然地把《古今》歸為異類刊物，這麼做當然很容易也很安全，把事物簡單化

圖上：《古今》封面1，汪精衛題字。
圖下：《古今》封面2，八大山人畫。

的壞處卻被忽略。朱樸十幾年後說自己「主編了五十七期的古今半月刊，得以隱約的表明了他的孤臣孽子的苦心，吐露了他的亡國之民的哀鳴，因此他不但自己問心無愧，並且還認為生平的一件得意之作。」（1955年9月〈自擬「墓誌銘」〉）

要想知道朱樸不辦《古今》以後的情形和他到了香港以後的情形，過去是不大容易的，能看到的書刊很有限。我湊來幾條資料，仍是大概的輪廓，再細的就尋不到了。一條來自朱樸的記敘，他在〈勝利那天在北京〉（1955年8月）中說道：「一九四四年冬天，我在上海結束了古今出版社的事務之後，舉家遷往北京去。路過南京，到西流灣橫廬去與（周）佛海道別；兩人對飲了三杯白蘭地之後，我下意識地似乎體會到將來的『後會無期』，心中引起了莫名的感傷，而幾乎下淚。……在北京，我實行過我的『寓公』生活，飽食終日，悠然自得。當時我所交遊的人，大概可分為三類：第一類是文字之交，如苦雨齋主人周知堂，以及瞿兌之，徐一士，謝剛主，王古魯諸氏；第二類是書畫同志，如百硯室主人許修直，以及陶北溟，邵厚夫諸位；第三類是酒肉朋友，這裏面包括的人物可就多了，男男女女，記不勝記。」

這則資料雖來自朱的自述，然亦可看出朱並沒有走仕途的打算，倒是他退隱北平不知出於何種考慮，朱的基礎一直是在上海及南京的。後面的資料還要說到朱樸與張大千的交惡，此人不那麼簡單，結交的多是上流社會，朱樸也許是《古今》人物譜裏結局最好的一個。

金性堯（文載道）是《古今》的主要作者，後期還參與編輯《古今》，《古今》停刊之後金性堯利用雜誌的積稿辦了三期《文史》，似乎可以這樣說《文史》的結束才是《古今》的徹底完結。金性堯是僅有的兩三位在幾十年後以親歷者的口吻回憶《古今》的人之一。2007年7月15日，金性堯在上海瑞金醫院病逝，享年91

歲。老人去世以後，《南方週末》刊出了老人女兒的口述，四個小標題裏有兩個很像是記者的後加工，一個是「《魯迅風》和周作人」，一個是「《古今》和藍蘋」，標題的誤導真業餘，這兩本刊物和這兩人沒一點兒關係。金性堯前幾年説過他和《古今》的關係，這次又由老人的家人轉述了一回「我先是在報刊上看到《古今》，覺得這個雜誌不差，上面也有地址，主編是周黎庵，我就寫文章寄給他們。後來周黎庵希望我能夠去做編輯，雜誌是中央儲備銀行的背景，因為和周佛海的關係，待遇很好，不用上班，每月去一次，就拿工資。和當時的其他敵偽雜誌比起來，《古今》還算得上好的，後來一念之差——你寫我寫，周作人也寫——」。

1944年上海《語林》雜誌連載文載道的《伸腳錄》日記，其中有涉《古今》的摘錄幾段：1944年2月3日記：「將《古今》四十期原稿付排，並劃廣告樣四分（申，平，及寧之中報，時代晚報）。」——2月18日記「讀《雜誌》二月號及《古今》四十一期。」——3月12日「今日不赴古今社。」——3月28日「得《古今》四三，四四合刊之『兩周年紀念號』一本，售三十元，又稿金五百元。」4月11日「晨起得果庵轉來龍榆生先生贈《同聲》月刊一包，共廿九期，廿九年十二月二十日創刊，惜中尚少一、二、三、四、五冊（現已出至第三卷第十期）。較《古今》更為高古。」——4月22日記：「晨赴《古今》，闃無一人，因黎庵今日在喬遷也。」4月29日記「得四十六期《古今》一本。此期起仍用黑市白報紙，價亦提高至三十元。」

朱樸1957年5月（與曹聚仁同行）回內地，受到規格很高的待遇，留下來的人好像倒沒有享受過。5月16日朱樸記「十二時，譽老以國畫院院長名義邀我在南河沿文化俱樂部（舊歐美同學會）午餐，陪客有文化部夏衍副部長，國畫院副院長于非闇，暨徐燕孫，王雪濤，胡佩衡，惠孝同，吳鏡汀，朱丹，啟功諸先生，都是當代名畫家，（只有齊白石與陳半丁二位老先生因病未到，蹌蹌蹌蹌，頗極一時之盛。）

朱樸念舊，除了尋遊舊跡，飽覽宮藏古畫，暇時便走訪《古今》舊友，在〈北京十日〉中他記著：5月11日「驅車前往西城八道灣拜訪周啟明先生，相見驚喜，恍如隔世。原來他近患高血壓症，三月前幾瀕於危，現雖已好轉，可是醫生仍嚴囑他見客談話不能超過二十分鐘，因此略談後即行告辭，約他日再來。」──5月19日「得徐一士先生書，即往宣外校場四條拜訪，他亦患高血壓症，似較知堂老人更為嚴重。相見興奮，暢談不盡。我在他那裏獲知老友王古魯，瞿兌之，周黎庵，金性堯諸位的近狀並地址，更為欣喜。」自北京再到上海，朱樸遂有〈上海一周〉之日記。5月21日記有「打了一個電話給（吳）湖帆，一個給（周）黎庵，他們聽了電話後又驚又喜，都立刻說晚上來看我。下午六時，黎庵先來，相見興奮，一時幾乎話都說不出來。不久，有人叩門，以為是湖帆來了，開門一看，不料卻是（瞿）兌之；原來他剛才遇見湖帆，湖帆告訴了他，所以他就捷足先來了。最後，等到七時有餘，湖帆才姍姍而來；大腹便便，好像一隻航空母艦！與十年前相較，幾乎判若兩人。可是，風趣天真，固依然如故也。他們不能免俗，硬要為我『洗塵』，卻之不恭，就一同去老正興館。這裏的菜都是我平昔所最愛吃的家鄉菜，今晚所點的如生扁炒頭，紅燒甲魚，蛤蜊鯽魚湯等，真是百吃不厭，可稱得是天下無敵，並世無二，這決不是海外各處同名的所謂老正興館，所可同日而語的。餐畢，他們三人搶著付賬，結果則由湖帆包辦了。」

　　比起上面這幾位，朱樸與金性堯就沒那麼近乎了，直到離開上海的前一天兩人才見了面「上午與湖帆伉儷同往虹橋公墓，承他們送花一束，可感！下午黎庵同（金）性堯來訪，性堯較十年前得意多了，可喜。同往威海衛路去參觀中國金石篆刻研究社所主持的『金石篆刻創作觀摩會』。」（5月26日）七天所記，以與吳湖帆過往最密，聽戲，賞畫（於吳湖帆之「梅景書屋」），彷彿又回到了古今時光。

文載道之期刊過眼

文載道是金性堯先生（1916-2007）筆名中最有名的一個。過去金家是富裕人家，住房寬敞，所以多有珍本佳籍，紀果庵曾說「載道兄堅邀過邸一談，乃得飽看其藏書，此公所收五四以來新文藝書不少，日記掌故之類亦多，頗使我豔羨，同時亦自慚所藏之寒儉可笑。」（〈海上記行〉）文載道寫過不少關於藏書的篇章，紀果庵說他「載道文章作得多而好。」也有人不以為然，認為文載道走的是周作人「抄古書」的路子，文章寫的絮絮叨叨。隔了幾十年的山形依舊枕寒流回頭看，正是文載道的絮絮叨叨，為我們留下了很多資料性的細節，其他人一味宏大忘記了歷史宜細不宜粗，1944年初夏的上海，文載道寫出了《期刊過眼錄》。

現在的愛書人熟知的阿英先生，文載道最先提及，而那個「c」先生是誰（我以為是蟄居上海的謝澹如）「敘錄版本的淵源，書市的掌故一類作品（不論單行或篇章），古往今來固已不鮮，不過這大多數還限於木版的古書。至於紀錄五四以來新文藝方面的，到目前止似覺不多。而其中之寫得較繁博的當推阿英先生，這正像他對於這方面收藏之豐富一樣。但我另外記起還有一位姓C的朋友來，他搜庋的質量恐怕還要超過阿英。單只是他的一些叢刊雜誌，差不多就大概完備了。C先生早年也曾寫了一點詩歌等作品，後來則創立書屋，專心於出版事業，如史鐵兒之《亂彈及其它》，即他苦心的搜

羅與保存之力，而他對每本書的印刷裝訂尤其力爭精美。凡是看過精裝本《中國大革命序曲》（法A‧馬兒勞著王凡西譯原價億元1938年8月出版）和《義大利的脈搏》（意錫龍作綺紋譯）等書的，自然就會明白。由於這些關係，再加他經濟比較寬舒，而又有愛收搜的興趣，因之他在城南的幾間住宅，便成為一座巍峨的書城了；這在阿英當也對之而遜色。然而不幸，真真的不幸，在八‧一三的一役，C先生在率眷倉皇出走以後，不曾將他的藏書遷出，到了後來卻十九付為劫火了。但C先生非常達觀，依然經營他的事業和收藏。間或跟他談起，那也不過付之一笑而已。而且後期的《魯迅風》也是承他精神與物質的協助，才能擴而至半月刊，我又聽說《魯迅全集》最初也曾經過他的計畫出版。」謝澹如的藏書到底還是流散了，倪墨炎曾寫道「有一次，我和黃裳、姜德明去上海淮海路舊書店書庫揀書。我揀到一本小開本的湖畔詩社編印的《春的歌集》初版本，上面有應修人給旦如的題贈。旦如即謝澹如，和當年的湖畔詩社關係密切，30年代瞿秋白、馮雪峰都在他家裏住過。他是上海魯迅紀念館的第一任副館長（該館歷來只有副館長而無館長）。我揀到這本書，一陣興奮，就悄悄告訴了老姜。老姜拿過書去翻了翻，說：『真不簡單，真有意思。』揀好書，我們各自抱著一大捆去付款，營業員一本書一本書的計價，到《春的歌集》時，他扣住了書說：『這本我們不賣！』橫豎求情說好話，就是不賣。毫無疑問，我和老姜的談話，營業員都聽到了。揀舊書時，我不能保持沉默，就付出了如此沉重的代價！」

三十年代初，上海出了本大型文學刊物《文學》，應該算是現代文學期刊史上的頂尖之物了，卻一直沒有像其他重要期刊（如《現代》如《光明》）那樣得到影印。北京德寶拍賣公司11月初搞了一場「新文學專場拍賣」，拍品中有一套近乎全份的《文學》，書況很好，底價只有5,000元，卻無人應價。沒影印過的期刊它的價值應當

在影印過的期刊之上，流標說明行家少或行家未到現場。范用先生收藏有一套完整的《文學》，連最後兩期「戰時版」也在，這正是我缺的兩期。文載道當年就說「古書有版本，刊物也有版本。不過這版本不定在於紙張的優拙年代的先後等，而是有點歷史性故事的成分。例如《文學》就有過戰時的小型版。而這時也由『原任』傅東華先生收回自辦。一共出了兩本，版式是三十二開，每本封面的用紙都不同，大約容納了八、九篇文字。」我1993年買到近乎整份的《文學》，彙報給姜德明先生，他第一句就問有後兩期小開本的嗎。後來我也知道遛書攤時應留意這些薄薄的不起眼的小東西了。文載道教導搜書者「凡是這一類含有歷史性的版本，我終是竭力搜羅。如同時的《光明》，《烽火》，也出過戰時小型版，存在的日期則較《文學》的為長。《宇宙風》也與《逸經》、《西風》等聯合發行戰時特刊，後來宇，西兩風又告復刊而《逸經》卻小別成千古了。」

　　雜誌所出的「特輯」「專號」，也要屬於期刊版本範疇，最先說明這一點的還是文載道，他仍以《文學》為例「尤其是幾本專號，（如《兒童文學專號》《中國文學研究專號》等）大可當作文藝讀本來看。同時在《文學》一周與二周紀念時，還有過《我與文學》與《文學百題》，厚皆三、四百面，而應徵寫作的又多屬南北的學人與作家。後來又有過《小品文與漫畫》，算是《太白》一周年紀念特輯。他也批評某些應景的湊合事的專號「再如魯迅先生與高爾基之逝世，《文學》也有它的哀悼文字，而這些文字，像郁達夫，鄭伯奇，傅東華，茅盾及編者自己的悼詩，論量不滿十篇，論質卻篇篇有至情至理無限感人之處。比之雞零狗碎敷衍搪塞的某些專號，即不知強過多少倍！」早期鴛蝴派雜誌最多「雞零狗碎」之專號，譬如兩紅（《紅》、《紅玫瑰》）雜誌即是。《論語》雜誌的專號很有看頭，如《鬼故事專號》、《癖好專號》。「文革」王力（是以區別

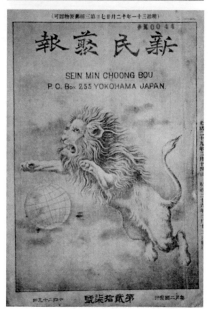

圖上：《語絲》書面。
圖下：《新民叢報》書面，此刊封面畫多有
　　　變化。

北大王力）曾將《論語》的專號單挑出來做成合訂本還蓋上「王力藏書」大印，而這個合訂本又從王家散出來最終竟上了古舊書拍賣會，如今這本專號合訂本在寒舍的書櫃內。出專號最多的作家是魯迅，到1956年魯迅逝世二十年時，仍有幾十種文學刊物出了紀念他的專號。本人搜羅專號有年頭了，已積攢上百種，或可寫成一本小書。

文載道當年竭力收集的所謂舊雜誌，也不過隔了一、二十年的貨色，竟奉為至寶，如《新青年》、《語絲》等物，這麼一比，今天若能收羅到八、九十年前的刊物也該值得自我陶醉的，有些簡直可稱「海內孤本」了──「戰後的上海，曾經有一本學術性刊物，而僅出一期即告停刊的，說來也很有掌故的價值。這刊物名叫《離騷》（好像是吧）。署名的編者是劉西渭先生。實際上是阿英主持。劉只寫了一篇散文。創刊號因稿擠，我的一篇考證鄉土史地的文字遂不及放入，旋由黎庵拿去給《永

生》刊載。至於這《離騷》的下文也從此桐庭木落渺渺無蹤了。後來碰見阿英時，大家就戲呼之為海內孤本。其實，目前要拿出這樣的一本書來的，確也沒有幾人了。」我存的《離騷》是八年前淘到的，那可能是舊書店的貨底，現在他們可不會這麼個賣法了。除了《離騷》，文載道還告訴我們哪些是當年就不好見的「雜誌裏面，像《離騷》的曇花一現的，自然還有好幾種。出二期停刊的更多。像蕭軍等編的《熱風》，黃碩編的《報告》，徐籲賓符合編的《讀物》都是只此一回並無下文的。更有趣的，記得連目錄都已登過廣告卻終於不見下樓的也有過。誠以文苑之大，自無奇不有也。」阿英一直致力搜集清末刊物，幾十年不輟，除了阿英自己寫的買書記，別人寫的買書記裏也常有阿英的行蹤，文載道那幾年與阿英交往甚密「所以在阿英的家裏，可時常看到書店掌櫃的影子，恐怕他的一些晚清珍本小說，與絕版之新文藝書及刊物，一部分即得之於這樣的機緣。」到了六十年代，還有阿英為求配古舊書刊寫給蘇州舊書店的信「澄波同志並各位同志：65號來信並書目已經收到，謝謝你們。有些書已經有了。望將下列書寄我：《六合內外瑣言》，《寰宇瑣記》，《勝溪竹枝詞》，《鏡水堂詩抄》，《竹泉生初芽集》，《琴語堂行卷》，《娛志堂詩草》，《飛影閣畫報》，《轟天雷》。想附帶說明一下的，就是1，《寰宇瑣記》我只缺第一及第十一兩冊，如有零本配就不要全套，沒有殘本可寄全書這一部來。2，《飛影閣畫報》133冊，我只缺15，17，31-32，38-39，40，42-44，46-47，51，71，84，86-87，89，110，125-127，130-131，133，共25期；如果這些缺號你本都很完整，就請全部寄來，殘破就請先寄缺號部分來看一看，如何？3，《轟天雷》有兩種版本，我現在存的是線裝中式本，如你們的一本是平裝兩面印的本子，就望寄來。我想找一部嘉慶十四年吟餘閣本《珍珠塔》，我的一部在上海丟掉了，想再找一部。不知你們最近收到彈詞沒有？

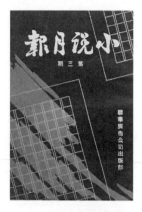

四十年代上海出版之《小說
月報》。

殘本有無？還想找一部《四美圖傳》（嘉慶
刊）。晚清白話報仍繼續收。還有晚清《生
香館畫報》一類的畫刊（《點石齋畫報》已有
全帙）。還有晚清小說。……範圍沒有什麼
變化，重點就是這幾方面。有木刻插畫的書
也很需要，但一般的大都有了。有精本，善
本望見告。匆此即致，敬禮。阿英四月十一
日」（此信寫於1965年）不想買重複了，就是
怕費錢，信中如果再有價格就好了，這才算
得完整的資料，可惜前輩們一提買書錢就都
閉口不談了。日本人幸田露伴嘗云：「凡物
而善用之，則貴比黃金；不善用之，玉亦劣
於瓦礫。」（《書齋閒話》）阿英的藏書很是
利用了不少，沒來得及利用的更多，阿英到
現在也沒有一本藏書目錄刊佈面世。

　　期刊雜誌現已有定義可循，但仍有一
些叢刊性質的書刊令人摸不準是應歸於圖書
還是歸於期刊，圖書館與書店也不一定拿得
準，如現行的《老照片》已出到60輯了，它
是雜誌呢還是書。文載道當年是這麼劃分的
「此外，尚有介乎書籍與雜誌之間的叢刊，
叢書及專號等。如上舉之《燕京學報》號外
是一種，由一人執筆作固定題目。亦有文學
性質的亞東之《我們的六月》，《我們的七
月》；商務之《星海》；大江書鋪之《文藝
研究》。出版的日期沒有確定，執筆也非一
人，而略有同人性，文字則較結實，現實色

彩比較少，實則與雜誌也並無怎樣大不同，只是他發行的方式是與書籍相近。所以雜誌在日子一久便失去銷路，而叢刊還可維持一點時間。大家知道在四、五年前，凡是新出版的雜誌，幾乎十之七、八採取了叢書的形式，尤其是較硬朗潑剌的。這原因不消說說是為政治的壓力。因這時發行雜誌必須向工部局登記，叢書則擇每一期中每一一篇作品為書名，旁注××叢刊之一，便可以書的方式避免這限制了。前後計有公論叢書，雜文叢刊，文藝界，朝花叢刊，文學集林，學林等。不過這樣的作法，自然還有問題。例如登記雖避免但查禁依然很嚴，而經登記許可的倒反穩妥了。還有是營業上的，雜誌如《西風》、《萬象》、《宇宙風》已有了一個固定的名稱，對讀者也有固定的印象。到了出版期，向報攤一買就是。叢刊則這期換Ａ，下期改Ｂ，反使讀者不易認清名目。因此兩者之間也可說各有利弊。」

文載道家藏的期刊到底有多少——「現在，要說到我個人所收藏或過眼的期刊了。據三、四年前目錄所記，約一百六十種。而內容複什不一，不獨文學一門，惟以文史的為多耳。後來因故銷毀的約占十之一二。至編目後次第所得複約二、三十種。還有，太平洋事變後所出的又占二十種左右（包括隨生隨滅），其中或許有不全的。」九十年代我寫信給金性堯先生，他說以上這些都「片甲不留」了。1997年金性堯在《讀書》發表〈墮甑錄〉，內云「1968年時，半日之內，四大皆空。覆巢之下，連人的生命也可於一夜之間窒息，遑論無生命的圖書。」對此浩劫，金先生想到古時候的故事——「後漢孟敏荷甑墮地，不顧而去，郭太見而問其意，對曰：『甑已破矣，視之何益？』」可是1944年初夏，金性堯卻是另一番說法，謝澹如藏書毀於「八‧一三」劫難，——「像他（謝澹如）這樣的不因身外得失而消沉，而灰心的達觀者，恐怕不能說多了。例如我對另一位朋友告訴他這一切的經過後，並問他：『如果這所

遭遇的是你，又將怎樣？』他即毫不思索的答道：『那我也許要瘋了！』這話實在不算誇張，揆諸武康山中白畫鬼哭故事，則一生一死，同樣是書林中最傷心的事。」文載道的舊藏不大會是一次散出的，我只見過一條線索，在朱魯大〈黃裳火中取栗〉中，朱透露他使用的《古今》雜誌的原藏主是文載道「⋯⋯這位『道』先生又是何人呢？這本舊雜誌的原主人便是他。因為這本的封面蓋了個陰文的圖章『文載道』三字。另外在20期和21期合刊的封面上又鈐有『金性堯』三字的朱文印章，我們便明白『文載道』是金性堯的筆名。」

魯迅日記中的梁得所

梁得所（1905-1938），廣東連縣
人，家境貧寒，少年苦學。
1926年10月梁得所進入上海良友圖
書公司，開始了他短促而才華迸發的
畫報事業。梁得所第一回見公司老
闆，《良友畫報》創始人伍聯德，伍
聯德回去對人說，梁某這人說話也不
大聲，好像只會讀書，看不出也能做
事。梁得所在良友公司的同事馬國亮
也這麼形容梁得所——「梁得所並沒
有一副使人一見傾倒的儀表。相反，
他矮小瘦削，終其一生，體重未超過
八十磅。舉止文弱，說話也提不起嗓
子。」（《良友憶舊》）

正處事業頂峰之梁得所。

　　如果換成一個以貌取人的老闆，
梁得所恐怕永無出頭之日，更談不上
施展他編輯大型畫報的特殊才華。幸
虧伍聯德獨具慧眼知人善任，決然換
掉大名鼎鼎的周瘦鵑，將一副《良友

書報》的重擔──總編輯的重任，完全信任完全放手地交給了只有22歲的梁得所。梁得所不負伍老闆厚望，很快就把《良友畫報》改革成順應時代潮流，面目一新的國際上也頗有影響力的大畫報，馬國亮對此評價說「伍聯德是中國第一個大型綜合性畫報的創始者，梁得所是把畫報內容革新，奠定了畫報地位的第一個編輯者。在中國畫報史上，兩人的功績是不可磨滅的。」

梁得所在魯迅的日記中出現過七次，具體是：1928年的四次──2月25日，3月16日，3月21日，4月22日；1929年的一次──1月8日；1934年的二次──7月4日，7月14日。這幾則日記牽扯的是兩件事：1928年的三則日記是一件事（4月22日日記事由不詳），1934年的兩則是一件事，而1929年1月8日日記的事由亦不詳。此處先把七則日記抄在下面（只抄有關梁得所部分）。

> 1928年2月25日──「司徒喬，梁得所來並贈《若草》一本。」
>
> 3月16日──「晚梁得所來攝影二並贈《良友》一本。」
>
> 3月21日──「晚得梁得所信並照片三枚。」
>
> 4月22日──「訪梁得所，未遇。」
>
> 1929年1月8日──「梁得所來，未見。」
>
> 1934年7月4日──「上午得梁得所信並《小說》半月刊。」
>
> 7月14日──「以字一小幅寄梁得所。」

因了司徒喬的引見，梁得所第一次訪問魯迅，此時梁已是《良友》畫報的主編，對魯迅的敬仰之情是有的，但是拜訪魯迅，梁得所還是另有一個編輯的職業目的──求得魯迅的照片登在自己主編的畫報上。第一次去，梁得所沒忘帶上自己的散文集《若草》，送給魯迅──送書是文人接近的最巧妙方式，幾乎可以肯定在交談中

梁得所向魯迅説出了照像的意思，這樣在二十幾天後（3月16日），才有可能在魯迅日記裏有「晚梁得所來攝影二」的話。據馬國亮回憶「魯迅素來不輕易讓人刊出他的照片，當梁得所把一本近期《良友》畫報遞給他，並提出自己的要求時，魯迅卻風趣地翻著畫報説『這裏面都是些總司令之流的名人，而我又不是名流哩！』梁得所説服了魯迅，他不談名人問題，他只對魯迅説，許多讀者讀上他的著作，都希望能一見作者的真面目。」（《良友憶舊》）照片到底是拍了（拍了四張），並登在第二十五期《良友》畫報（登了一張），確如馬國亮説的那樣「成為最能表現魯迅的神采和生活環境的，富有代表性的留影之一。」梁得所能夠到魯迅的住室拍照像並能夠發表出來，是很難得的機遇，同樣的要求，魯迅對李應發這樣説的——「至於將照相印在刊物上，自省未免太僭。」（1928年5月4日致李金髮）

4月22日，也就是照像刊出的當月，魯迅「訪梁得所，未遇。」這裏沒説為什麼訪梁，只有把當天的日記看全了，才知道魯迅的訪梁——不是專訪而是順訪。4月22日日記全文「二十二日星期。晴。上午汪靜之來，未見。午後同三弟往商務印書館分館。訪

梁得所攝〈著作時之魯迅〉。

梁得所，未遇。在小店買英譯J.Bojer小説一本，泉五角，即贈方仁。」

照像之後的第二年的1月8日，梁得所再次出現在魯迅日記裏「八日　晴。上午寄石民信。收未名社所寄《影》兩本，《未名》兩期。收楊維銓信並詩稿。下午託廣平往北新寄小峰信。梁得所來，未見。」現在，我們無法得知梁得所這次是為什麼事去看魯迅，單憑這短短的幾個字不足以拼接出想像中的歷史，對於魯迅這根本沒什麼，可只活了33歲的梁得所每多一條資料也是珍貴的。

時間一下子過去了五年，魯迅的生活，梁得所的生活都發生了很大變化，這變化對梁得所來得更猛烈——他從良友公司出來（《良友》畫報是梁事業的起點），自己辦起了大眾出版社（梁得所畫報事業的終點。）

梁得所不但具有駕馭大型都市畫報的超人能力，性格中還潛伏著一股子不甘久居人下的「野心」，他骨子裏的倔硬終於顯現出來了。正當梁得所事業一帆風順之時，1933年8月，他卻做出了一個讓所有人目瞪口呆的決定——離開良友，另謀前途。梁得所自第13期正式接編《良友畫報》，到第79期，歷經6年66期。梁得所為什麼辭職而去？原因諸多，馬國亮又假設又歎息：「假設當時他（梁得所）不僅是個雇員，而且是個股東，並且成為決策的董事之一，他可能不會離去。良友失去了梁得所，梁得所失去了良友，雙方都是損失。我今天甚至認為，如果當時梁得所沒有離開良友，並且成為公司的當權人物之一，那麼1938年良友一度解體的情況可能不會出現，他本人接下來不致成為悲劇人物。」

梁得所離開良友，但並沒有離開最能顯示他才幹的畫報行業，他與好友黃式匡共同創辦了大眾出版社（有資料說，張學良將軍曾贊助梁得所1萬銀元。），並很快推出令良友驚恐「回馬槍」厲害的《大眾畫報》，為了應對，《良友畫報》採取緊急措施，將月刊改為半

月刊，以便先發制人。上海灘當時的大畫報已不下幾十家，良友何懼之有？卻單單害怕梁得所的《大眾畫報》。還是最瞭解內幕最知梁得所才智的馬國亮道出了真相——「特別是《大眾畫報》，它的取材與編排完全可以和創刊多年，並由他（梁得所）主編多年的《良友畫報》爭短長。它的出現，不同於別的畫報，可以說是《良友畫報》最足注意的勁敵。」除了《大眾畫報》，梁得所還辦了四種刊物，其中《小説》半月刊最是令人眩目，開本，封面，插圖，版式，無一不風騷獨領，梁得所把畫報的諸多元素移用到文學刊物上，是開創性的，他的編輯才能和膽量長久被忽略被低估。《小説》半月刊的出現又迫使良友公司採取對應措施——「調用鄭伯奇創辦《新小説》（1935年2月），顯然是為了擠垮梁得所的《小説》半月刊」（葛飛〈都市漩渦中的多重文化身份與路向——二十世紀三十年代鄭伯奇在上海〉）。梁得所這次辦刊物，還是想借重魯迅的聲望，《大眾畫報》沒能拍攝到魯迅的照片（馬國亮說「梁得所辭退了《良友》的職務，自辦出版《大眾》畫報，也曾向魯迅提出同樣的要求（照像）。同是梁得所，這次卻沒獲得魯迅的答應。」），《小説》半月刊卻求來了魯迅的墨寶。上面說的就是1934年7月那兩則魯迅日記的背景。

　　《小説》半月刊1934年5月創刊，前兩期是月刊（刊名「小說月刊」），第三期起改半月刊（刊名改「小說半月刊」），所以1934年7月4日魯迅日記——「上午得梁得所信並《小説》半月刊。」——應該是7月1日剛剛出版的第三期《小説半月刊》。第三期的扉頁題字是郁達夫的詩稿〈臨安道上書所見〉，裏頁有黃苗子的「作家漫像」（連載），第一個漫像就是魯迅，這些內容魯迅該是看到的。梁得所的信肯定是向魯迅求字了，求沒求照像呢？有可能求了，因為第三期開始每期的扉頁是名家題字（有郁達夫，老舍，傅東華，柳亞子，邵洵美，豐子愷，顧頡剛等）封二是作家照像（有林語堂，章克標，孫福熙，施

蟄存，葉靈鳳，穆時英等）。歷史是允許想像的，前提是你的想像要有硬的依據。

接到梁得所信後十天的**7月14日**，魯迅──「以字一小幅寄梁得所。」這幅字是一首絕句「明眸越女罷晨裝，荇水荷風是歸鄉。唱盡新詞歡不見，旱雲如火撲晴江。」刊於《小説》半月刊第五期（1934年8月1日）扉頁，另有「贈人魯迅」字並鈐「魯迅」白文印一枚（見圖）。本詩原是魯迅書贈日本友人森本清八的，是兩首，寫贈梁得所的只是其一。**1933年7月21日**魯迅日記──「二十一日曇。午後為森本清八君寫詩一幅云：「泰女端容弄玉箏，梁塵踴躍夜風輕。須臾響急冰弦絕，獨見奔星勁有聲。」又一幅云：「明眸越女罷晨裝，荇水荷風是歸鄉。唱盡新詞歡不見，旱雲如火撲晴江。」又一幅錄顧愷之詩。下午雨。」

據馬國亮講，詩稿的原件由黃苗子保存（黃當時是此刊的編輯），抗戰中丟失，因此，刊於《小説》半月刊的魯迅詩的手跡，成為了唯一的文本而格外珍貴起來。近日，讀到倪墨炎文章〈應尊重和珍惜魯迅手稿的原貌〉，倪文非常不滿意四九後的編輯們對魯迅手稿的作假行徑，作假手法有剪貼，變異，改刪，魯迅寫給梁得所的這幅字，即被刪去了「贈人」二字，我們現在看到的各種版本的《魯迅詩稿》都是缺「贈人」的，把一幅背負文壇細節的詩稿弄得很平淡──既不尊重歷史，不尊重魯迅，也不尊重梁得所。刪改者忽略了，《小説》半月刊還是有人保存著，可以為歷史作點小證。

北平何挹彭藏書記

某年某月某日，急赴隆福寺舊書店，前一日友人告之此店有舊期刊上架。進得店來，直奔該架，因於此店佈局熟極。新上的舊期刊不多，約十多種，皆為合訂本，似由一公家散出，所有合訂本一律黑漆布面精裝，書脊印書名，期數起止，一目了然，作工精細尤覺可喜。我本不喜合訂本，近來觀念有變，合訂本對保護舊雜誌功不可沒，如果任憑著一個散本一個散本的在世間流轉，怕是沒有多少能熬到今天。此批舊刊還有一特點，均為淪陷時期所出刊物，譬如《新民半月刊》114期全份分訂11冊，我是第一回見到整套的，這又該歸功合訂本。口袋裏錢的多少決定你能買什麼樣的雜誌，《新民半月刊》是好，但價格也好，打過折後還是近萬元的大數。半小時兩者權衡的結果，我買了兩種，一是《新光》，一是《新東方》，前者為5個合訂本，後者2個合訂本，高高的一摞。出了店門，街上依然攘攘之人群，這條街是店鋪街，服裝店占九成，夾在九成中的一成有小吃店三、四家，買完書正好喝一碗麵茶解饞，喝的時候看著街景，想著何挹彭說的六、七十年前的隆福寺——「燕京書業，舊以『兩寺一廠』為萃集之地，今則報國寺遺跡，桑海存更，邈不可尋；惟琉璃廠隆福寺，尚為文人學士大夫薈集之地。」

《新光》我以前買過零本，《新東方》是第一次收存，買的時候很急慌，以為是那一種我找了很久的《新東方》，略一翻看就交錢了。買舊刊比買舊書容易出錯，刊物同名的情形很多，稍有不慎即張冠李戴。好在錯非大錯，這本《新東方》也藏著不少好文章，譬如〈庚子事變時之北京〉（吟梅山館主），〈中國政黨沿革紀略〉（寄齋），〈陳師曾先生摹印述評〉（王笑石）〈古今語通飲食篇〉（張秀溪），〈中國期刊發達史〉（齊宣），〈五臺山遊記〉（傅增湘），〈題石門畫冊〉（齊白石），〈中國書籍制度與古書〉（靳極蒼），〈五十年來之中國文化界〉（梁瑞甫）。最意外的是我又見到了何挹彭的一篇談書的文章〈讀書漫談〉，何氏的「讀書」觀他有闡明「所謂書癖，應包括兩個意思，即『買書』與『讀書』。蓋讀書須成癖，買書亦須成癖；往往有些人雖喜讀書，而買書無癖，這並不見得一定是沒錢，而是其好不專，不知於讀書之樂外，尚有買書一樂。猶如一件事物之兩面本不可分。有些自命為讀書人且有錢者，而不知買者，令我輩視之最是恨事。」（見〈聚書脞談錄〉）所以，此篇〈讀書漫談〉實質上還是談舊書肆和古舊書收集的，那個「讀」字是個幌子。關於何挹彭這個北平舊時的藏書家，——舊京書肆的摹畫者，這麼多年似乎只有我一人「嘰喳不已」，——一直在不倦地搜集何的身世及下落。也難怪別人不插手，何挹彭所發文章的舊刊物惟我搜集的最全，加上《新東方》這篇，更無人能及也。何挹彭的藏書近年時有在拍賣場現身，所拍之書均鈐「北平何挹彭藏書記」，這顆印很大，有一回我差點兒在拍場得一冊何的舊藏《藏書紀事詩》。

四九前還是有幾個人寫藏書記買書記一類與時代洪流不合拍的「小擺設」，僅有的這幾位有周越然、阿英、文載道、謝剛主、紀果庵，他們都有人提到過；他們的文章大都進過各種選本，何挹彭雖然寫得一點兒也不比這幾位差，卻聲名不彰，我十幾年前編過一

冊冷僻性很高的選本，收何挹彭的〈眠雨堂記〉，〈聚書脞談錄〉，〈雅竊禮贊〉，〈東西兩場訪書記〉四篇，另收謝國楨（剛主）〈我之書癖〉，包天笑〈我與雜誌界〉，文載道〈斗室微吟〉，〈期刊過眼錄〉等數十篇，均為至今未「出土」的佳作，此編最終未得出版，這不是我個人之損失，可憐的是讀者看不到一流貨色，仍被三流選本欺蒙。何挹彭是舊京書肆的摹畫者。

　　何挹彭收書的範圍與趣味，正好與現今的熱門合拍，隔著六七十年的光陰，讀他的藏書記會有親切感，──「我家久居東城，在學校時距東安市場最近，從《人間世》的創刊起（按，1934年創刊），是我買書嗜好的開始，以及《宇宙風》、《論語》、《大眾生活》、《自修大學》、《新學識》……等。那時每天家裏給飯錢四十枚，預備中午在學校吃午飯，一角錢折合銅元四十六枚，普通的半月刊每期都是一角，那要兩

《大眾生活》書面反映三十年代火熱鬥爭，那位拿喇叭講演的女學生形象，影響了一代青年。

天才能湊齊，新刊太多，買之不盡，差不多每天中午不吃飯，下課跑到東安市場去買書，後來像《西風》、《譯文》、《作家》、《開明月報》，每期都要二角至二角五分，起碼要三天的飯錢才能買一期，出版物越來越多，漸漸周轉不靈，每每顧此失彼，但已買過幾期的刊物，又不忍使它中斷，所以只好後來的新刊，忍痛犧牲不買。一直到現在還後悔《月報》、《譯文》，一本未買，不勝痛心之至！這些新書，圖書館中本都有，但總不如自己買來有一本看著夠味——不過那時要想從圖書館掠為己有的念頭，尚未曾有過。二十五年的冬天，北平學生的『一二‧九』『一二‧一六』兩次運動，在風天雪地中與員警的大刀水龍交戰。我們市立學校，向來不敢有甚麼活動。我那時餓著肚子，冒著冷風，跑到市場去買《大眾生活》，後來竟有翻板的《大眾生活》，封面沒有像片，裏面的字非常模糊，雜誌而翻印，實屬創見，夥計因為都已熟識，不說話遞給他五分錢，他就偷偷從櫃裏拿出一本給你，我還記得那裏面有許多北京學生團體互相攻擊的話；看了也不明白，後來才知道他們之間有些背景。幸虧那時未被煽惑也。不過當時對不看書而作愛國運動的同學，或是不看書而好寫作的同學，每存鄙視，我則《大眾生活》、《自修大學》與《宇宙風》、《人間世》、《論語》，同時看，且均能一樣消化，安然無事。」眼下熱得弗得了的簽名書毛邊書，何掭彭早有先見——「我藏有一本魯迅譯盧那卡爾斯基《藝術論》，係沈尹默舊藏，扉葉有『尹默』小朱文印一方，版權葉有題記：『一十九年八月購，默』，殊可寶貴，又有一部嚴既澄《初日樓詩駐夢詞合刊》，係作者送給朱自清的，扉葉題有：『佩弦社兄粲正。即澄持贈』可惜沒有圖章，想係事變時自清華園中散出者。最可惜的是一冊《狂言十番》，扉頁有苦雨翁親筆題志；『季明兄教正，周作人贈』，以敗筆所書，字大如棗，蓋贈馬隅卿氏之令兄者，竟失之交臂為捷足者得去。此外尚見過孫譯鹽谷溫《中國文學

概論講話》，有鄞馬隅卿收藏印記；和胡適題贈國學研究所的《胡適文存》第一集，贈給顧頡剛的《章實齋先生年譜》，估人竟亦視為奇貨可居。」周氏兄弟的舊版不是今天才被藏家追捧的，何挹彭早有先行，或可作為今日之搜周指南——「年來搜集會稽周氏昆仲的作品，已將及百種，去完璧之日尚遠；且有許多東西已經絕版，極為罕見，我搜集迅翁著作的原則是：第一，以原版，且不得稍有殘污，但有兩種本而均屬原版，則並收之，如《小約翰》有未名社版及生活版（生活版又有道林紙玉青紙之分），《一個青年的夢》有商務版及北新版。第二，原是毛邊而為人切去，雖屬原版完好，亦必得毛邊者收之。第三，凡是在生前未結集印行者，如《古小說鉤沉》之類，則以魯迅紀念委員會之全集本或三十年集本為主。惟《域外小說集》，當初在日本印行的原本兩冊，則絕不可得。群益書局本雖然很多，好像是翻印，所以不曾買。據我知道阿英先生得有一本，雖不能謂為海內孤本，殆亦有數之物矣，不勝豔羨之。第四，除《魯迅全集總目錄》外，如何凝之《魯迅雜感選集》，天馬版《魯迅自選集》，天馬叢書本《門外文談》，均為全集所不收，而均係原版，亦並收之；至於迅翁生前死後，奸商牟利，私印編印之各種選集，以不屬正統，一概摒棄之。此外如臺靜農《關於魯迅及其著作》（北新版，開明版），鍾敬文《魯迅在廣東》，李何林《魯迅論》，李長之《魯迅批判》；及迅翁故後，各雜誌之紀念專號，如《中流》《作家》《光明》《文學》《文季月刊》等，均在收集之列，惜雜誌數種當時均曾購得，數年前竟付之一炬，今日懸重價而難致。迅翁遺著中以版畫為最難得；《珂勒惠支版畫選集》，僅於事變前在東安市場見過一次；至於《引玉集》，《死魂靈百圖》，《蘇聯版畫集》無精裝本，並平裝本北方亦未得見。近年來更稀如星鳳了。昨年暑假無意中平裝本《死魂靈百圖》及精裝本《蘇聯版畫集》同時於西單商場發見，書販頗為識貨，韞櫝深

藏，待價而沽，他問我要不要；其時正窮得要命，罕覯之物，詎忍失之交臂，遂不顧一切把它定下了，言明三天之內付款取書。但點金乏術，心裏一時不能放下，一直到第三天的晚上，擁被而坐時，看見桌上的一部《辭源》，忽然想起把它賣了，趁現在工具書大漲價的時候，總可得善價，本來《辭源》在我已感覺不是一部太重要的的工具書，並且有許多地方遠不如《辭海》，雖然近來工具書大漲，但此書通行本甚多，既使漲到多貴，或再過多少年，也總可買到，我這部普及本三冊，還是盧溝橋炮響後，二十九軍退出北平的一天，用六元五角買來的，此書去我之日緬懷前塵，殆亦不無『揮淚對宮娥』之感焉！結果售價五十元正如兩本版畫之值。《死魂靈百圖》雖非精裝，紙張製版都很令人滿意，把原作筆意均能纖毫傳出，魯迅所謂：『一味寫實，不尚誇張』，實令人愛不忍釋，在北方喜歡收藏的朋友們，無論直接間接，還未聽見過誰有，南方的朋友，僅知宋奇君與楮冠君有，大概也是平裝。這冊皮面燙金字的《蘇聯版畫集》，尤為精絕之品，版權頁的定價已用紙粘住，並且一定是良友出版時所粘，大概也許是當初不為發賣，而是迅翁拿來送人的東西，則其價值更可想見。紙張油墨製版均好，比之西文書略無遜色，只有裝訂不善，是一微憾。以上二物和《愛眉小札》，均為寒齋入藏的善本，姑視為眠雨堂中鎮庫之物殆亦不為過歟？原版《海上述林》上下冊也同樣罕見，惟上冊翻本甚多，他日有緣，與引玉集等或尚可訪得，至於《北平箋譜》、《十竹齋箋譜》則一如侯門深似海，兼金難致，目前並無此奢望亦不敢有也。」何挹彭上面稱《愛眉小札》為其所藏之善本，當初買來時卻非其所云——「不佞對徐志摩尚不能贊一辭，尤其對陸小曼其人更不以為然，所以對良友文學叢書本的《愛眉小札》也不太注意。去年在西單商場忽然發見一本景印藍格手稿本，看後面記著限定版僅印一百部，買來摩挲累日，頗令人嚮往天一閣的明藍格鈔本，徐氏的字娟秀中時

有挺拔酣放處，略近海藏樓，才覺得志摩的天才實不可及。」何挹彭買書的標準恰如楮冠所云「舊京舊友某君，近來遺少氣極重，如買魯迅翁所著書必求北新，未名社初版本，並須毛邊之類。」（何亦自道：「讀古書，至少總希望是木板線裝的，讀起來才夠味；對鉛印的，一方面不大信任他，一方面則是遺少氣之故覺得不夠味。」）下面這些話仍乃十足之遺少氣──「劉半農景印的《初期白話詩稿》，見過幾次都是毛邊紙本，後來在廠甸終於得到一部宣紙本的。開明景印盧冀野藏的端木子疇寫給王半塘的《宋詞十九首》，朱絲闌作顏楷，吳梅跋稱：『儼然大麻姑仙壇記也』，益以名家題跋，可謂精絕，現在即此戔戔之物，已不甚易得。這些書買來，沒有旁的意義，只是為收著好玩而已。開明尚有景印《朱彊村先生手書詞稿》，迄今未訪得，實為遺憾。《魯迅書簡》甲乙兩種，均為洋裝，乙種則古月箋，磁青面，重絲線裝，且有襯紙，我收得的是乙種。甲種按情理說比較講究，應當貴重，但我惡其景印而洋裝為不倫不類；所以《縮本四部叢刊》萬萬要不得也，你想，不必遠說曹子建陸士龍，即近世如顧炎武朱彝尊，我們硬給穿起西服，先儒有知，九泉之下亦未必許可也。」對照這份書單，今天的藏家若有其一半者當可耀武揚威也。

　　知堂舊版為當今追捧之熱門，以我的感覺，比起魯迅來，周作人的老版本似乎流通更多，──雖未見得存世更多。何挹彭稱──「苦雨齋的東西尚不如乃兄之複雜，只有晨報社叢書本第一版《自己的園地》，因為關於阿Q正傳一文，後來第二版即抽出，此改訂本迄今未覓得。《雨天的書》，以北新版論，所附若子像有坐立二種，且不知從第幾版後又多加〈若子的死〉一文共四頁。此外並無其他版本問題。比較難得的《紅星佚史》，亦已找到，蓋說部叢書雖時常大批發見，然此冊則絕不易得。收在《藥味集》裏的〈日本之再認識〉一文，日本國際文化振興會所印之單行本極精，無意中

覓得一本。事變後結集之《藥堂語錄》及《藥味集》，聽説南方很不易見到，但在北京庸報社中《藥堂語錄》存書尚多，天津亦當如是；《藥味集》則北方隨處可見，負有溝通南北文化之責者，何未顧及乎？」如此看來何挹彭的搜集很有成績矣，不然他也不會自得地宣稱——「周氏昆仲著作，寒齋所得將逾百種，去完璧之日亦恐非夢境，擬師黃丕烈之『百宋一廛』意，名吾齋曰『百周一廛』，更擬乞苦雨翁親為題額，完璧之日，再輯《百周一廛書錄》，為他日書林中添一故實。惟不知有無顧廣圻其人，更為我作〈百周一廛賦〉也。」

現在的讀者提到舊書肆往往將琉璃廠與北京其他賣古舊書的地方混為一談，這裏面是很有區別的，簡而言之，琉璃廠賣的是高檔古舊書，接待的多為有錢的客人；其他地方多為中低檔的舊書與中低收入的淘書者。聽何挹彭是怎麼説的——「近人商鴻逵先生有〈北平舊書肆〉一文見於《人間世》第二十九期，堯公之《書林逸話》於舊京書業盛衰雅致，縷敘尤詳；惟二君之文均以廠肆為主，而於東安市場及西單商場之新舊書業鮮能及之。我輩措大生涯，廠肆偶或一至，日惟以東西兩場為瀏覽勝地，西單商場線裝書甚少，以新版書之舊貨及舊雜誌最多，是其特點。我所藏的《宇宙風》、

圖左：《中國文藝》書影，四十年代北平出版。
圖右：《初期白話詩稿》原版本書面。

《人間世》、《論語》、《太白》、《文學》、《中流》、《光明》等，大多至二十六年七、八月止，前部略無缺闕，兩年前日夜所辛勤護持者，竟全部毀於一炬！年來故家舊藏，時復流出，勤於搜討，已漸復舊觀；甚至有為以前北方所不見之物，今日竟能得之。《人間世》四十二期已全，《太白》尚缺數期，《宇宙風》僅至四十五期和另外乙刊十餘期；大概乙刊的一部分，和與《西風》《逸經》之聯合版，以至於《宇宙風》《逸經》之分別停刊止，全帙恐終不可得。我們很希望周黎庵先生或陶亢德先生，有暇能把這些雜誌於事變後，輾轉內地，苟全亂世之經過詳敘之，以饜北方讀者。」何挹彭難道不知道周陶兩位事變後一直是待在上海的，這些刊物中惟《宇宙風》苟全亂世，輾轉內地，最終堅持到抗戰勝利。何接著寫道「我的十幾冊《宇宙風乙刊》連六冊《文飯小品》，還是畢樹棠君出讓的，經友人手買來轉贈者，聞畢君尚有全部《逸經》擬出讓，亟求友人去打聽，後來又不賣了，《逸經》近來比較罕見，尚不知何日能完璧也，而香港出版之《大風》，亦只有嚮往風采而已。畢君曾說這六期《文飯小品》的全帙，北京有的人大概很不多見，以我蹓書攤的經驗而論，誠為不虛。我得的一冊中尚有畢君簽名亦足珍貴。但有兩冊《宇宙風乙刊》畢君把自己的〈松堂夜話〉兩篇，和《文飯小品》裏的一篇〈小說瑣話〉扯去，大概不是敝帚自珍，便是為將來結集之用吧，但在我心裏非常不快，後來把那兩期《宇宙風乙刊》終於找到了才稍彌此恨；而《文飯小品》迄不能見。我之收集舊雜誌，不但殘闕者在摒棄之列，既已有而污損的，再見到完好者，亦必收而易之，與武進陶氏涉園『往往一書而再易三易，以蘄愜而後快』可謂同一甘苦矣。」何氏這種心理與我先得零本後得合訂本兼而並收亦可謂同一苦樂也，只是真不敢上靠陶氏涉園。

葉聖陶曾對唐弢説「古書講究板本，你現在談新書的版本，開拓了版本學的天地，很有意思。」何挹彭也是最早談新書版本的人，——至少不晚於唐弢。他寫道「版本並不是非古書才講，新出版物一樣也應講版本。關於新書的版本好像阿英在《夜航集》裏？有一篇談到，已不記得了。陳望道《修辭學發凡》，有大江書鋪本，和開明書店本；馮友蘭《中國哲學史》，由神州國光社本，商務大學叢書本；胡適《中國哲學史大綱》，初印有勘誤表，我有的是第十三版，錯字均已改正；茅盾《子夜》，有原刊本，和刪本，刪本薄了許多，後面景印了上海市政府訓令；曹禺《日出》，初印本無跋，大公報文藝出過《日出》集體批評後，曹禺寫了一篇〈我怎樣寫日出〉，此後重版就附在後面當作跋；《原野》最初在《文叢》第一卷第二號上起始連載，現在單行本的序幕，本來是第一幕，在第三號發表次一幕時，才改為序幕；朱光潛《給青年的十二封信》，初印本封面是一個信封，後來編青年叢書，封面都改成一樣了，比如《十二封信》，我覺得兩本都可以有，初印封面很有意思，新版書普通都有精裝，平裝兩種，有的精裝並不見比平裝怎樣好，《子夜》的精裝本是乳黃色玉書紙，花布封面，收藏，送禮都很好，曾在冷攤上見過一精裝未刪本，打算買來送給一位朋友作年禮，尚未成交，為別人以平裝刪本找價換去，頗可惜也。」某舊書網前向拍賣一冊《子夜》，與何挹彭説的是一樣的精裝初印本，爭奪慘烈（有書友漏夜補足拍賣傭金），最後一萬二千元成交。

　　現在不好找的舊書當年也不好找；現在很貴的書當年也不便宜，這個道理在何挹彭的藏書記裏屢屢得以驗證——「近人像鄭孝胥，陳伯嚴，陳衍等閩贛派的詩集；夏敬觀，趙尊岳等人的詞集，都不容易買，且很貴，鄭太夷的《海藏樓詩》，編過兩次，第一次刊於光緒壬寅，不分卷；第二次分八卷，有孟心史序，據説是名刻工陶子麟刻的。前者見過精刊本二冊，聽説也是陶刻，通行本一

冊，掃葉山房石印本一冊。我只得有通行本，精刻本因索價太高沒買到，後者僅見過商務代售的小本，不知是否即陶刻的縮印，海藏的詩我很喜好，很想買一部八卷本，但頗不易見到（按，筆者所見此書均為拍賣場所見）。前幾天倒買到一部《節庵先生遺詩》，即黃崗陶子麟承刻，詩雖不如陳鄭，因為可喜的是陶刻，所以便買了，拿來和浙江圖書館刊章氏叢書比較，似乎略遜一籌，筆劃較浙刻稍嫌板滯，但是書品寬大。且是白紙，便更覺醒目而已。四印齋所刻詞也偶爾一見，較知不足齋為佳，以上所說各種版本，在冷攤雖少見，到書鋪都可買到，但是窮秀才力不能辦，只得如此，而樂趣就在其中，得了一本半塘老人校刊《夢窗甲乙丙丁稿》，雖不全，也覺得很喜歡，摩挲了好幾天，這在有錢的隨便可以到書鋪把彊村叢書，四部叢刊買來，則只好又當別論了。」

　　藏書記最好是隨手記下些買書中碰到的種種趣事，趣事趣聞即味之素，——不可太多亦不可沒有。因買舊書少不了和書估打交道，雙方立場截然對立，一方想節省幾個錢，一方想多賺幾個，抵牾不免，但不出惡聲為好，像周肇祥所著《琉璃廠雜記》裏，罵人的話就太多了，他甚至憤憤然寫道「廠肆俗估，性質幾如一母所生。稍數過之，則鬼蜮無所不至，一經拒絕，則又靦顏相就，純是一種偽詐行為。或謂若輩身有賤骨，投之豺虎，亦所不食。其言雖奇，亦可見其惡習之入人深矣。」另記「英古徐估狡詐，陶氏弟兄憤而欲毆之，此前年事也。」另如「故有多家，入門見其人即作嘔……其言齷促齪不可聞……余嘗言謂若輩直須餓死乃乾淨耳。文墨之林而廁此豎，金盆盛狗屎矣。」簡直就是破口大罵了。買賣兩方，惟買方掌握話語權，極少讀到賣方罵人的話。何挹彭算是溫和的買書人——「書賈和別的買賣人究竟不同，他們於和氣之中帶些書卷氣，你買過他一回書，下次再來就熟識了，就是我們看了半天，他很耐心地一部一部給你找，結果一部未買，他們也很恭恭敬

敬把你送走，你如果託他們找一部書，雖非貴重之物，他們也要問你府上住在何處，要找來給你送去。東安市場一個李姓書賈，最初我一位老師介紹我買了一部詩集，從此就熟識了，後來雖也買過他幾部，實際比較起來買他的東西最少，可是書賈中和我最熟的一位就是他。每蹓書攤，總要去一次，藉一部書便談起來，源源本本，說上半天。有時我在別處買來一部書，讓他看看是否便宜，因此我從他那裏得了不少版本知識。東四牌樓有一個山西人老陳，主要的都是一折八扣書，偶爾有些像樣東西；根本不懂什麼是版本，我曾給他說過，石印以那家最好，刻本好壞怎樣看，紙張如何；新出版物，像中華，商務，開明，生活，北新應如何賣。後來也居然知道『魯迅』了，不過線裝書只知道白紙便好，再以冊數的多寡薄厚定價，究竟不是科班出身，沒見『大世面』也。」不僅語言溫厚，還不忘誇獎賣書人──「書賈的知識，真使我們不能不佩服，他們對於書的內容雖不如讀者能夠瞭解，但舉凡足以決定一書價值之點，如作者，時代，刻版，雖極細微的地方他們都能瞭若指掌，在內容方面，大概以金石，小學最貴。作者以清儒著作，及近人章太炎，胡適，梁啟超，諸大師的作品最貴，時代越近的東西越貴。魯迅，林語堂，周作人的東西，也是一樣。舊雜誌中《圖書季刊》，《北平圖書館刊》，關於目錄學一類最貴，其餘像《國學季刊》，各大學的月刊，學報，《詞學季刊》，《甲寅》等也很貴，《人間世》、《宇宙風》、《文學》雖然破舊，至少也要原價。買線裝書，如果你批評這書坊刻為甚麼不如蜀刻，或是有水漬，批點，墨漬，紙張，如何如何。只要他知道你懂，說得他心服口服，一定很容易落價成交。」（寫到這裏，忽然有朋友告之何把彭有下落了，1946年何把彭在北大入了黨，1971年3月7日病逝。我查了這一天我的日記，那時我在插隊，這一天我和一個叫巴拉道爾吉的老農在草房裏鍘了一天的草──「1971年3月7日，晴。枯燥的程序，嚓嚓的聲音，我不耐煩了，我已經很不耐煩了。」）

我們羞澀的藏書票文獻
竟都出自葉氏之手

我早就說過，中國藏書票無有歷史，非要說有，又拿不出足夠數量的藏書票來，翻來覆去大家說的就是那麼有限的幾張。早期的藏書票屈指可數，早期的藏書票專著更是一本也拿不出來，如若不是葉靈鳳先生寫過幾篇有關藏書票的文章，整個藏書票文獻就是一片空白，只憑十幾張書票還好意思稱史麼。一步就從三十年代跨進了八十年代，中間的半世紀是真空，我們羞澀的藏書票文獻，全部要感謝葉靈鳳先生一個人。這樣的局面很尷尬很無奈，卻只能面對不能偽造。藏書票傳入中國之時，這片大地正滿目瘡痍，苦難深重，談藏書票真是個不合時宜。

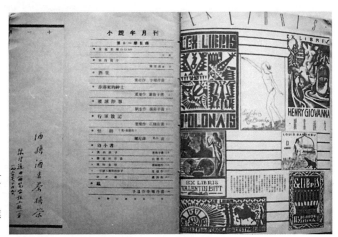

《小説半月刊》封二為藏書票專版，鮮為人知，本圖應為首次面世。

葉靈鳳的三篇藏書票文章構成了中國藏書票最初的理念基礎，以後的一切都將據此出發。這三篇文章依發表的時間順序是：

〈藏書票之話〉，1933年12月，刊於《現代》雜誌第四卷第二期。是已知最早的中國藏書票文章。文內附葉靈鳳自用藏書票一枚，另有兩面道林紙印的各國藏書票15枚。《現代》是三十年代文藝氣息最接近西洋風格的一本文學刊物，主編施蟄存是同葉靈鳳一路的文藝界名流，施蟄存也有自用藏書票。也許可以説，施蟄存與葉靈鳳共同導演了中國藏書票文獻的處女作；還可以説，是上海洋風習習的文藝沙龍，吹生了中國藏書票文獻的第一朵花蕾。

〈現代日本藏書票〉，1934年5月，刊於《萬象》創刊號。文內附藏書票六枚，另有整頁雙面藏書票，計彩色藏書票七枚，黑白藏書票八枚，尺幅大，我認為是按原大的票印上的。《萬象》是八開畫報，印製

精美，有條件把藏書票印得如此漂亮，可惜不是中國藏書票。《萬象》總出三期，主編是張光宇和葉靈鳳。

〈書魚閒話〉，1934年12月，刊於《文藝畫報》第一卷第二期。此文有三個小題「書齋趣話」，「舊書店」，「藏書票與藏書印」。除了在文內附有圖片外，另有一整頁的彩色圖片，計六枚藏書印，五枚藏書票。《文藝畫報》共出四期，主編是葉靈鳳和穆時英。

〈書魚閒話〉寫出了喜愛藏書票的必經之路，一、「對於世間不能盡然忘懷的我，每當到了無可奈何的時候，我便將自己深鎖在這間冷靜的書齋中，這間用自己的心血所築成的避難所，隨意抽下幾冊書攤在眼前，以排遣那些不能排遣的事件。」二、「每一個愛書的人，總有愛跑舊書店的習慣。對於愛書家，舊書店的巡禮，不僅可以使你在消費上獲到便宜，買到意外的好書，而且可以從飽經風霜的書頁中，體驗著人生，沉靜得正如在你自己的書齋中一樣。」三、「每一個愛好書籍的人，總願將自己苦心搜集起來的書籍，好好的保藏起來，不使隨意失散。這種意念具體的出現，在西洋便是所謂的藏書票，在我們便是鈐在書上的藏書印。」藏書票的發生，發展，正是這樣的合乎邏輯的三步曲。

在我羞澀的收藏中，竟然有幸收集齊全了中國羞澀的藏書票文獻，並有幸第一回原模原樣的展示初刊本書影及文獻首發時的版面，這真是件爽事，它說明一個道理，——永遠不要小瞧了自己卑微的藏品，也許你手握的正是歷史的缺角。

《新光》雜誌中的知堂文章

周作人〈讀列女傳〉開頭寫到「有友人來叫我給雜誌寫文章。近年來文章不大寫，因為沒有什麼話想說，但也不是全不執筆，假如有朋友的關係，為刊物拉稿，那麼有時也寫一點聊以應酬，至於文章之寫得沒意思，那自然是難免的了。既然是友人來說，似乎不好不寫，問是哪一種刊物，答說大約是婦女雜誌，雜誌有特殊的性質，寫文章便須得守住範圍，選取題材大不容易，這又使我為難起來了，雖然我未始不曾作過些賦得的文章，在學堂裏得到漢文老師的好些佳評，寫倒也不難，只是這何苦來呢。可是，我想了一回之後，終於答應了，關於婦女問題，並不如電話裏所說，你還可以來得幾句，實在因為以前曾經留心過，覺得值得考慮，這也是一個機會，可以借此發表一點意見。經過很久的思量，仍舊不能決定來說什麼，結果還是寫了一個讀列女傳的古老題目。」

〈讀列女傳〉是應朋友「拉稿」專為一本「婦女雜誌」寫的，這位朋友是誰，今似已失考，但「婦女雜誌」是哪一個，周作人後來有過交代──「以上自〈讀書的經驗〉至〈流寇與女禍〉凡十篇，均為新光雜誌而作，在志上登載過。此系婦女雜誌，故題材多與婦女有關，今雖已事隔數年，重閱一過，覺得尚有一部分在現今亦有可供參考者，故重為排比存之。三十二年九月十日校記。」（一九四四年一月新民印書館初版《藥堂雜文》）「新光雜誌」即是那本

「婦女雜誌」，這點已無疑問，找到「新光雜誌」即可為收入《藥堂雜文》的〈讀列女傳〉等十篇文章安上日期（此十篇文章只有〈啟蒙思想〉，〈道德漫談〉與〈觀世音與周姥〉文章節附註有日期，而刊在「新光雜誌」時注有日期的僅後者一篇，前兩篇則是收入《藥堂雜文》時後添的。）此處為何要對寫作日期這麼「較真」，原因有幾個，〈讀列女傳〉最前面說的「近年來文章不大寫，因為沒有什麼話想說。」那幾句話當是透露了作者彼時的心情，假如不把日期搞準了，這幾句看似平常的話真就成為「無心之說」了。周作人的文章，有的寫上日期，有的不寫，有的初發在報刊上沒寫，收在單行本裏時又添上了，寫與不寫，在作者一方好像是很隨意的小事，在讀者一方難說不會有細心人從中揣摸出些什麼來。另一個原因是看過《周作人年譜》（張菊香、張鐵榮編著，2000年，天津人民出版社），感覺裏面若干細節有失誤，有些周作人文章的首發日期（或寫作日期）由於編著者未能查到初刊本期刊（或報紙）而搞錯了（本文只以新光雜誌為例），查不到初刊本還產生另一個缺陷，如完整的年譜記法應是這樣「×年×月×日作〈讀書的經驗〉，載×月×日《新光》雜誌第×卷第×期，署名知堂，收《藥堂雜文》。」而由於未見到《新光》雜誌，「年譜」只記「31日作〈讀書的經驗〉，收《藥堂雜文》。」這樣就漏掉二個資訊資料（署名，原發刊）。比漏掉更嚴重的是由於未能取得初刊本作為確定寫作日期的依據，「年譜」將《讀書的經驗》的寫作日期誤定為「1940年10月31日」，而實際上，〈讀書的經驗〉首刊於1940年5月10日出版的《新光》雜誌（第一卷第二期），怎麼可能發表於前，寫作於後呢？

　　新光雜誌1940年4月於北平創刊，月刊，每月10日出版，十六開本，每期80餘頁，印製考究，有圖片插頁，出至1944年4月（第五卷第十二期）滿60期後終刊。版權頁顯示：發行人尹梅伯，總編輯雪蘆，編輯梅生，黃勤，楊宗慧，許奇，蔡錦。創刊號「編後話」

《新光》雜誌書影。

稱：「這本刊物籌備的經過不到一個月，在上月中旬，同仁等談起婦女界的讀物，竟寥若星辰，始決定了發行『新光』月刊，以應時勢的需要，給婦女界供獻一點精神上的禮物⋯⋯這本創刊號，雖說內容不甚充實，但於選擇稿件，不敢不審慎，如周作人先生的讀列女傳，趙憩之先生的談雅，畢純英先生的明清兩代書法優劣論，劉佩韋先生的談盦，及瀾滄子，張騰霄，李戴漁，黃之六，趙夢朱，左笑鴻，李穎柔諸先生之名著。」

　　周作人在新光雜誌自第一期至第十一期不間斷的發文十一篇，依序為：

　　　第一期（1940年4月）：讀列女傳

　　　第二期（1940年5月）：讀書的經驗

　　　第三期（1940年6月）：書房一角

　　　第四期（1940年7月）：新文字蒙求

　　　第五期（1940年8月）：觀世音與周姥（文後注「二十九年七
　　　　　　　　　　　　　　月二十六日」）

　　　第六期（1940年9月）：女學一席話

第七期（1940年10月）：道德漫談

第八期（1940年11月）：蔡文姬悲憤詩

第九期（1940年12月）：啟蒙思想

第十期（1941年1月）：女人軼事

第十一期（1941年2月）：流寇與女禍

　　第十二期的「編輯後記」云「本期周作人先生因為公務繁忙，未能執筆，可以説是很遺憾的事」。1940年12月19日，汪偽中央政治委員會31次會議，正式通過了「特派周作人為華北政務委員會委員，並指定為常務委員兼教育總署督辦」一案。上説「公務繁忙」倒是言之有據，並非「本期」一期，這以後周作人再沒為新光雜誌寫過稿子。新光雜誌對周作人文章給予最高規格，十一篇全部刊在雜誌首位，並標示「專載」，周當時在文壇的地位被雜誌界稱「永座第一把交椅」。

　　這十一篇文章除了「書房一角」，均收入了《藥堂雜文》，「書房一角」寫於1940年2月26日，此時新光雜誌尚未問世，不屬於專「為新光雜誌而作」的，周作人把此文拿出來給新光雜誌，也許是認為裏面的一段話似還能守住婦女雜誌的「範圍」，──「儒林外史裏高翰林説馬純上雜覽，我的雜覽過於馬君，不行自不待言。例如《性的心理》，恐怕至今還有許多正統派聽了要搖頭，於我卻極有關係，我覺得這是一部道德的書，其力量過於多少冊的《性理》，使我稍有覺悟，立定平常而真實的人生觀。可是，偶然女客枉顧，特別是女作家，我看對著她的玻璃書廚中立著奧國醫師鮑耶爾的著書，名曰女人你是什麼，便也覺得有點失敬了，生怕客人或者要不喜歡。」像周作人這麼重要的作家，一切關乎他寫作動機與發稿日期乃至於為什麼給這一家而不是那一家刊物寫文章等細小之處，似乎都不該輕易放過。

茅盾與《文藝陣地》

茅盾先生在他不平凡的文學創作生涯中，主編過不少文學期刊，如被稱之為「二十年代文壇第一刊」的《小說月報》、「三十年代文壇第一刊」的《文學》雜誌。抗日戰爭期間，茅盾主編了大型抗戰文藝刊物——《文藝陣地》，在中國抗戰史與現代文化史上都留下了光榮的足痕。1937年10月，茅盾由上海撤出，當月20日來到漢口，這時候上海生活書店的徐伯昕來看茅盾，對他說：「你來武漢編雜誌吧，在上海韜奮就說過，要請你主編一個中型的文藝刊物，類似《文學》那樣。我今天專程來拜訪，就是為了這件事。」茅盾說：「我可以編，不過雜誌應該適應戰時的特點，譬

《文藝陣地》封面，錢君匋作。

如是否出半月刊，文章要短小精悍，篇幅也要少一點。」此時，茅盾的心中已有了刊物的雛形。

　　烽火連天，幾經流離（茅盾自漢口至長沙到株洲，再經南昌到杭州再回上海，又從上海到香港、廣州，再到長沙）。1938年2月7日，茅盾來到武漢，當天即找到徐伯昕，恰好鄒韜奮也在場，當即合議決定新刊物叫《文藝陣地》，考慮到武漢也可能守不住，決定把《文藝陣地》的編輯與出版工作設在廣州。十幾天之後，茅盾又回到長沙，會同家人奔赴廣州。在長沙，臨行前，張天翼交給茅盾一篇為《文藝陣地》寫的小說，題目是〈華威先生〉，後來刊發在創刊號上。2月24日茅盾到達廣州，立即與生活書店廣州分店的經理商議了《文藝陣地》的排印問題。此時茅盾手中只有三、四篇稿件，而創刊號已初步定於4月16日出版。到廣州的第三天，情況突變，薩空了力邀茅盾去香港幫助他編輯《立報》的副刊，並說：「你可以在香港把《文藝陣地》編好，寄到廣州來排印。那邊的居住條件，寫作環境都比廣州好，免得天天躲警報。」2月27日下午茅盾離開廣州赴香港。到了香港之後，投到《文藝陣地》的稿件就源源不斷地從廣州生活書店轉寄到香港，這批稿件中，有遠在四川的葉聖陶寫的雜感〈從疏忽轉到謹嚴〉、周文的通訊〈文藝活動在成都〉；有在武漢的老舍寫的新京劇〈忠烈圖〉；有在廣州的草明寫的小說〈梁玉底煩惱〉和林林的短詩；有寄自臨汾的劉白羽的速寫〈瘋人〉和蕭紅的散文〈記鹿地夫婦〉；有鄭振鐸從上海寄來的「魯迅書簡」；有從長沙寄來的豐子愷寫的抗戰歌詞〈我們四百壯人〉；有剛從蘇聯回國的戈寶權寫的〈蘇聯劇壇近況〉等等。這些文章組成了《文藝陣地》的初始面貌。

　　3月24日，茅盾來到廣州親自督戰《文藝陣地》的排印，創刊號「費盡了心力」，終於如期出版（1938年4月16日）並一炮轟響，張天翼的〈華威先生〉更是引起了強烈反響。

　　以後，由於環境越來越惡化，茅盾決定把《文藝陣地》轉移到上海秘密排印，然後再把印好的刊物運回香港，轉發內地和南洋。其間歷經周折與磨難。茅盾在編了18期之後，自第2卷第7期起由樓適夷代編，但刊物的主編仍署茅盾，第五卷開始署「茅盾‧適夷」主編。1938年底，茅盾離開香港赴新疆。1939年夏，樓適夷也被迫離開香港轉赴上海，自1939年6月16日第3卷第5期開始，編務工作移到上海，直至第5卷第2期（1940年8月）被上海租界當局查禁停刊。

　　1940年冬，茅盾來到重慶，籌備《文藝陣地》復刊。1941年1月10日續出第六卷第一期（算是復刊號）。在重慶，茅盾又面臨著另一種複雜的鬥爭形勢，由於受到國民黨當局多方的阻撓刁難，《文藝陣地》被迫於第七卷第4期（1942年1月）停刊。1943年1月至1944年3月又改出《文陣新輯》叢刊，僅出三輯又止。至此，自1938年4月16日創刊至1944年3月徹底終刊，《文藝陣地》完成了艱難而光榮的歷程，全刊共出63期。順便說一句，《文藝陣地》的封面設計出自著名裝幀藝術家錢君匋之手。《文藝陣地》全份影印過，比較好買，我卻沒注意買，只是在冷攤買過十幾冊零本的。

早年「古舊書刊拍賣」的記憶

如果按年頭算，自1993年9月22日「北京首屆稀見圖書拍賣會」至今，已十五年矣。京城大大小小的古舊書刊拍賣會，已百餘場矣，很值得回顧一番。應付了「開門七件事」後，手頭還有閒錢閒情，為將來著想，人們都盤算著如何使自己的財富最大限度地增值，銀行已不再是鈔票的唯一去處，股票、債券、期貨、古董、郵票……越來越多的投資方式和機會——供君選擇。這其中，古舊書刊的收藏與投資價值越來越被收藏者認可，據國外一項投資回報率統計顯示，珍本書籍的年投資收益率為16.8%，排在古畫，珍郵，古傢俱之後列第六位。十幾年前，古舊書刊拍賣異軍突起，為「收藏熱」又添了一大把柴，為書刊收藏又新增了一條管道。「熱了拍賣，冷了門市」，稍夠年頭的圖書誰都知道往拍賣公司送，碰上三兩互不禮讓的藏書家爭奪起來，興許就賣出個天價來。

筆者一直關注古舊書拍賣，收集有京城十餘家拍賣公司全份的拍賣目錄，每逢拍賣，必去現場，買不起還看不起嗎？旁觀了幾回，亦曾不自量力地在有錢人面前舉過牌爭過嘴，有輸有贏，勝敗乃拍場常事，過五關有之，走麥城亦有之，萬物得失皆因緣，不以物喜，不以物悲，拍賣場既是弄財的商地，又是修性的禪房，收藏雖小事，實包容大道理。京城乃群雄逐鹿之地，數家拍賣公司犬牙交錯，楚河漢界，勢同水火，所以本人只能「花開數朵，單表一

最初的拍賣圖錄，存世無多。

支」，記憶所及，只說說琉璃廠那中國書店的古舊書拍賣，事實上第一把火還真是他們點燃的，有苦勞也有開拓之功。拍賣公司雖多，但「於我親者」，唯此家也。

第一把火叫「北京首屆稀見圖書拍賣會」，拍賣時間是1993年9月22日下午1點半，地點設在勞動人民文化宮二殿，古老的公園古舊的書，地點選得好。預展地點在西琉璃廠古籍書店二樓，戒備森嚴，只許眼看，不許手翻，畢竟是第一回頭一遭，有點緊張，還收二塊錢的參觀票，開拍現場收三十塊錢的入場券，萬事開頭難，現在回想起來很覺得可笑，誰家拍賣如今還收參觀費參拍費呀？不知是因為第一回還是因為收費的原因，到現場參加拍賣「第一個吃螃蟹」的先驅者僅五十餘位，空蕩蕩的大殿人氣不足，底價400餘萬元的167件拍品，僅成交二成，成交額37萬元。除了宣傳力度不夠之外，拍賣目錄沒有圖片書影也是一次缺，沒看過預展的人哪能一看書名就掏錢呢？後來的拍賣公司都知道「以圖誘人」了。首屆拍賣分七大類：一、

1911年以前出版的古書。二、清朝奏疏、國書。三、民國時期舊書、期刊。四、偽裝書。五、解放後舊書。六、國外版舊書。七、舊唱片。我關心的兩樣東西都拍出去了，一件是第95號拍品：解放前創刊號50種。底價5,000元，最終以8,240元成交。後來我結識了買主黃君，並屢屢與其同場競技。黃君說當初他定的「約價」是一萬元，十幾年前這可算是大手筆了。黃君現已移居香港，仍有電話告之那邊的古舊書資訊。另外一件是第94號拍品：周作人著作27種。底價定在3,000元，27種已占周氏全部作品的三分之二，很不易搜集如此之多品種，後以3,520元拍出，現在若重拍，至少翻三番，吃第一口螃蟹的仁兄，敢問尊姓大名？對這第一場拍賣，媒體報導不多，《中國青年報》說西方年收入1-1.5萬元才具備收藏的能力，今天這個估算太保守了。

　　中國書店第一槌響過之後，一年多沒動靜，1994年是個斷層空白點，倒是嘉德拍賣公司在1994年11月8日敲響了他們的「古籍善本」拍賣第一槌，其中第334號拍品：《魯迅文稿》（1933年4月，5頁，紙本，行書）頗引人注目，定向拍賣，限於國家博物館或圖書館投買，也歡迎企業和個人競投後捐獻於國家博物館或圖書館。最後佘奕村先生以7.15萬元競拍得手，旋即無償捐獻給上海魯迅博物館，此舉為古舊書刊拍賣留下一段佳話。在停頓沉寂了一年之後，1995年9月19日，中國書店拍賣的槌聲又敲響了，冠名為「本世紀稀見書刊資料拍賣會」，書刊後面多了「資料」二字，此「資料」即指老照片，老煙畫，老唱片。還真不能小瞧了這些雜項，〈袁世凱故居照片〉拍了13,000元，嚇人。《紅樓夢煙畫》120張全套，拍了7,200元，也創了紀錄。本場拍賣吸取了第一次之教訓，目錄增設了書影，雖為黑白照，那也比沒有強。還有一個凸出點，即全部拍品皆為「本世紀」1900年以降的稀見書刊，新文學著作罕見的一回老版本大集中，大大提升了「新善本」的價值地位，然本場拍賣

幾成絕唱，以後再沒辦過類似的專場，古籍碑版是永遠的主旋律。第一號拍品是阿英的《海市集》（1936年初版），以660元之價拍出，後來我曾於地攤以12元之價購得此書，由此可見能上拍的東西並非個個「物有所值」，買高的時候永遠比買平買低的時候多。第6號拍品為巴金的《愛情三部曲霧・雨・電》，是1936年良友圖書印刷公司的精裝特大本，書品絕佳，底價也定的絕高──1,000元，不料真拍起來爭奪格外激烈，竟以2,750元成交，我本有意，也只能「望書興歎」了。媒體對這場書拍也加強了報導，甚至有在7月24日就寫出了〈本世紀珍稀書刊觀察記〉的前瞻性文章。本次拍賣依舊收了「入場券」費20元，這是最後的一次，以後無論「大拍」、「小拍」再不收進門費了，所以我保存的「入場券」也成了珍貴的見證中國拍賣業初級階段的藏品。那時中國書店還沒有自己的拍賣師，是從嘉德公司借來的拍賣師，姓張，我也請他在拍品圖錄上簽了尊姓大名。

　　轉眼間冬去春來，到了1996年。中國書店的拍賣也正模正樣了，為以後的拍賣從時間從檔次上都立了尺度，春秋兩季是「大拍」，其餘各時段不定期舉辦「小拍」（約4-6場）。1996年9月14日「大拍」首次亮相，冠名為「歷代稀見書刊資料拍賣會」，拍品除在北京預展外，還到上海辦了為期三天的預展，用心良苦。「大拍」的圖錄印製精良，彩色書影，更能勾動人們參拍一搏的慾望。此時的人們已擺脫了束縛幾十年的「溫良恭儉讓」的購書習慣，紛紛下場與他人爭個面紅耳赤，可謂「斯文掃地」，過去哪有這麼買書的？連「開架售書」都呼籲了幾十年，對於拍賣這種新型的交易形式，確實需要一個適應過程。

　　我雖然「逢集必趕」，也只是到了1996年冬季的「小拍」，才初試牛刀，這是自1993年開槌以來的第四場拍賣，時間是1996年12月21日。我看中的是第129號拍品《文史》創刊號。乍看，此物貌不驚人，底價300元，一本雜誌賣300不低了，爭拍起來還不知多

少呢。我為什麼情有獨鍾《文史》，說來話長，內情已有拙文見諸於《藏書家》及《中國文化報》，在此不囉嗦了，反正對我是極要緊的一本雜誌，必得之而後快。下午1點半開拍，3點28分我競投得手，300元底價我喊的，有人喊400，我再喊500，對方啞火。加上10%傭金，20元「證書」，《文史》競拍所費570元。旗開得勝，心中好不得意。「證書」也僅此場拍賣獨有之，有了發票還要證書幹什麼，多此一舉，都是為了留個念想唄。清人《越縵堂日記》一則云：「夜歸館後，童僕漸睡，內外寂然，紅燭溫爐，手注佳茗，異書在案，朱墨燦然，此間受用，正復不盡，何必名山吾廬邪？」我得的雖不是什麼「朱墨燦然」的「異書」，但也足以受用一時了，還要感謝拍賣，不然的話上哪找那些「踏破鐵鞋無覓處」的罕見書刊呢，只有一點不好，拍賣場上買的書都貴，魚與熊掌不可兼得，世間萬物都是這個理。

　　1997年是個好年頭，香港回歸，收藏熱遍神洲，拍賣業風起雲湧，人們也習慣了「同場競拍」式的買書方式，隔三差五，書友們碰頭，都會問上一句「圖錄到了沒有？」「看了沒有？有你看上的嗎？」時不時地還會往中國書店拍賣公司打電話詢問能不能增加幾場。後來的拍賣還真的順乎民意，增加了場次，而且每場的拍品數量也從一百多件增至三百餘件，中國書店也培養出了自己的拍賣師，一切都進入了良性循環的軌道，往拍賣公司送東西送好東西的人也多了，一派購銷兩旺之景色。這一年的《收藏》雜誌也介紹了中國書店各場的拍賣成績，一些藏品更是通過拍賣會競價的洗禮，重新找回合理的市場價位，如抗戰題材，民俗題材，老期刊，古舊地圖，都拍出了以往不敢想像的「天價」，先行一步的收藏者都贏得了不薄的投資回報，這也是人們經常懷念95、96、97年收藏拍賣市場的原因。那些個自視甚高的經濟學家也開始插足收藏與拍賣領域，他們認為世間萬物無一不可憑經濟學學理進行分析，面對九十

年代以來蓬勃發展的每年達十幾億元的拍賣市場，經濟學家們難免技癢難耐，他們的一系列理論雄文，還真給了我不少啟發呢。如其所言：收藏品能否獲利，「隨機性」重於一切。這一點在拍賣場上尤其明顯，同樣一件拍品，二個人爭和三個人爭四個人爭，結果會很懸殊，今天你的對手因事未到場，你就會省下一筆錢。某場拍賣，有《采菲錄》全6冊，是研究中國舊式婦女纏足史料之書，全套甚罕見，有意此書的香港大導演李翰祥遲到十分鐘，書被一幸運者以5,500元低價競得，後此書拍到過三萬元，相差5倍。經濟學家還統計過，在「四千項拍賣紀錄中，只有三十項曾拍賣一次以上，而其中只有二十項成功地賣出二次，欲想將「眼光」變為拍賣場上的價錢，可不是易事。以《舊都文物略》為例，首次亮相拍得3,000元，二次亮相拍得2,000元，第三次亮相拍得僅千餘元，另有一次因底價設置過高而流標。收藏分兩種，一種是藝術鑒賞性收藏，只求賞心悅目，不求回報；一種是投資性收藏，就像選股票一樣，並非喜歡，只求回報。兩類不同收藏目標的人在拍賣場上短兵相接，就大有熱鬧可瞧了。拍場是世象的窗口，是人性的驗車場，是經濟學的習題。拍賣，已成為都市生活中的一道「特別節目」。

我在拍場上是「常敗將軍」，負多勝少，在「隨機性」上我是「霉運性」的。一冊《趙望雲農村寫生集》，品相不錯，但同行們一致認定200元打住，誰知當場一位女同志（可能是專門研究趙望雲大師的），我都喊到800了，她手還舉著，我輸給她了。還有一回是《藏書紀事詩》，嘉德剛拍過2,000元，我想中國書店也不會超過這價位吧，誰知當場一臺灣同胞手也一直舉著，舉到4,000元了，還不鬆手，太超行市了，我輸了。最慘的一場是300件拍品，我「內定」了十件，心想最損也能得它三、四件吧，誰知一件也沒拍到手，氣得我寫了篇〈十不得一心不甘〉投給報紙發發牢騷，患得患失，人在拍場，身不由已。舉牌，舉牌，問君能有幾多情，恰似一場拍賣一場夢。

《域外小説集》
拍賣親聞親歷記

今年春末某晚，新文學第一善本東京版《域外小説集》（第一冊），有如外星人，從天而降，由京城一書販貼到舊書網上拍賣，這麼有名的珍本賣主只標了25元的起拍價，而且認不全陳師曾題寫的書名，錯寫成「或外小説……」，域錯認成或（或是域的篆體寫法，但在這，賣者顯而易見是不知道的。），集字用省略號代之。賣主貼了五張書影，封面一，序言一，目錄頁一，版權頁一，內文頁一，。要説賣者不懂此書價值，為什麼貼這麼多圖（此舉無意中讓第一善本最全面地亮相給了愛書者，以前我們最多就是看到一紙封面。）？一般網上販書，普通本子也就上一張封面，稍貴重的再上個版權頁，帶

《域外小説集》書面
及版權頁。

插圖的上張插圖，像這樣把一本書的幾個重要元素都展示無遺的，很少見，說明賣主挺重視這書的。不管賣主兒是真不懂假不懂，還是真懂而假裝不懂，反正藏書圈是轟動了，跟帖者與出價者的人氣都創了新高。由於該網路拍賣設定的最高成交限價是20,000元，所以《域外小說集》的出價到了19,999元就進行不下去了，此時賣主也許醒悟到這本書是何等寶書——差點賣漏了。他把書從網上撤下來後，私底下交易去了，剛開始聽說有人出價五萬沒買成，後又聽說出八萬還沒成交，我一開始就說過此書值六位數，我的一位朋友有機會在未上拍之前以3,000元買下來，那真是千載難逢的書運，可惜他錯過了。

在舊書網拍賣的時候有一位網友的跟帖寫道：「吳泰昌的藏本封面灰暗，顯舊；上圖的藏本品甚佳，只是封面蓋了館印，書脊貼有書簽；唐弢的藏本品奇佳，且相當毛；錢玄同的藏本（81年展覽本）連毛都未裁，堪稱絕佳；張中行友人的藏本只是聽說。」這位網友還跟了一帖：「透個小秘密：己酉版《域外小說集》有兩個版本，製過兩次版，中國現代文學館藏有兩本不同的己酉版《域外小說集》，其中一本是世間孤本，朱金順，一個有重度考據癖的行家，竟沒有察覺，讓人失望。」這位網友顯然是個行家，但還是留有一疑問，我對照了于靜所寫「錢玄同，林辰藏書中的《域外小說集》」（載2005年2期《魯迅研究叢刊》），于文稱錢玄同藏本「可惜此書封面已失，取而代之的是自製封面。」另，吳泰昌藏本應即為阿英藏本。阿英是僅知（或曰唯一）曾與魯迅談論過《域外小說集》版本的人，早在七十年前，阿英寫道：「一九三五年，余得第一冊於邑廟冷攤，惟封面已失，後鄭伯奇兄與先生談起，先生非常驚奇，並謂自己並無藏本。伯奇歸而告我，乃寄贈先生。先生當於二月十二日復函云：『此書原本還要闊大一點，是毛邊的，已經舊主人切小。』並述及當時發售情形。因知已非原來形式。大約後來我

又有一信給先生，說及此書封面為章太炎題，故先生於四月三十日復函，於再述流傳不廣如前函外；並告我：『至於書面篆字，實非太炎先生作，而是陳師曾所書，他名衡恪，義寧人，陳三立先生之子，後以畫名，今已去世了。』因此而更得知此書之題簽人。今年春始意外地得一完整如新本子於蘇州，然去先生逝世已近年矣。」（1937年〈魯迅書話──為魯迅先生逝世周年作；《域外小說集》〉）我理解的阿英所說「完整如新本子」為「第一第二兩冊且毛邊未裁」。

沒過多久，我因在這家舊書網買了這位書販的一本書，由於同城，就直接找他去交割，書販在潘家園舊貨市場有一固定攤位。那天我詳詳細細地跟書販聊起《域外小說集》，問他怎麼淘得珍籍的，知不知道它的珍貴，現在賣給誰了，賣了多少錢，等等。書販是位很本份的年青人，把能說的都給我說了，而且驗證了我先前的一個判斷，這本《域外小說集》是裹在一堆日文舊書裏被他整堆收買來的，這情形很像于靜在上文裏說的「錢玄同所藏這本《域外小說集》第一冊，可說是半部，不全，但也曾混跡於舊資料堆中，在資料人員的整理中才回歸到錢玄同藏書中。」

關於初版《域外小說集》存世的數量，一直以來大家都依據魯迅的說法──「半年過去了，先在就近的東京寄售處結了帳。計第一冊賣去了二十一本，第二冊是二十本，以後可再也沒有人買了。⋯⋯至於上海，是至今還沒有詳細知道。聽說也不過賣出了二十冊上下，以後再沒有人買了。」（1921年上海群益書社《域外小說集》合訂版「序」）由於初版《域外小說集》分第一冊和第二冊，所以魯迅說的在東京賣出的四十一本，折算應為賣出二十部（那第一冊何以多賣一本呢，魯迅也有說明），而在上海賣出的「二十冊上下」，魯迅沒有具體說明第一冊賣了多少第二冊賣了多少，這「二十冊上下」是不該計算為二十部的，而長期以來「冊」與「部」一直被混淆，連嚴謹的唐弢先生也沒能注意這個計算方法上的誤差，他寫

道：「根據魯迅後來的回憶，《域外小説集》第一，二冊在東京只賣去二十冊（案，唐弢在此處引文有誤，應為四十一冊。）上海也不過二十冊左右。『於是第三冊只好停版，已成的書，便都堆在上海寄售處堆貨的屋子裏。過了四、五年，這寄售處不幸被了火，我們的書和紙板，都連同化為灰燼；我們這過去的夢幻似的無用的勞力，在中國也就完全消滅了。』從這個統計看來，東京版《域外小説集》流行於人間的，似乎只有四十部左右。」（唐弢《晦庵書話・或外小説 》）胡從經先生也曾寫道：「……但東京僅賣出各式十本（案，胡從經此處亦計算有誤，應為「各式二十本」，才能與魯迅説的數對得上）上海寄售處也不過銷出各二十冊上下，……傳世的印本也不止四十部左右」（「大濤之微漚 巨響之先聲──《域外小説集》」）。胡從經將魯迅的原話「聽説也不過賣出了二十冊上下，」理解為「各二十冊上下」，胡從經有可能察覺了「冊」與「部」的計算差距，他加了個「各」字，顯示了他的細心，有了這個「各」字，留存於世的「四十部」才説得通。可是魯迅的原話就是原話，是我們計算的基礎，按照魯迅的原話來計算，《域外小説集》的存世量應是三十部左右，換個説法就是六十冊（本）上下。事實上，實際的存世量是多於六十冊的，因為除了經代售處賣出的那幾十本，魯迅，周作人，蔣仰卮（《域外小説集》出版的資助人）都拿書送過人，唐弢寫道「魯迅每印一書，常好持贈知音，而蔣仰卮回國後，也曾託浙江省立圖書館大批捐贈，在卷首空頁上蓋一印云：『浙江省立圖書館輔導組代紹興蔣仰卮先生捐贈』。」據胡從經統計「自一九一二年至一九一九年的《魯迅日記》均斷續有贈書記錄，所貽友好或同僚有董恂士，錢稻孫，戴螺舲，季自求，劉靂青，游百元，夏揖顔，袁文藪，黃季剛，陳寅恪，張春霆，宋子佩，許詩堇等。」應該注意的是，魯迅此時人已在北京，他用於送人的《域外小説集》是二弟周作人自老家紹興寄給他的，兄弟倆在日記中均有一發一收

之記載。周作人1917年4月到北京後所記日記中也有送友人《域外小説集》的記録，非但贈書，竟還有賣書的記録「……以域外小説集四部交半農代售」（1918年12月4日）魯迅所説「四五年後」存書全燒了，這個燒書時間應在1914或1915年，那麼周作人1912-1914年間給魯迅寄的書是否應算在上海的「二十冊上下」之內還是之外？這裏有個問題，光是周作人就寄了超過二十冊的《域外小説集》，而且火燒之後的1917年魯迅日記還有收到周建人寄該書十冊的記載，看來魯迅在老家到底有多少存書不清楚，數量估計很可觀，寄到北京有日記可查的是19套書送了13個人，還是應有餘書的，卻不知下落，這個下落有兩個意思，一個是北京的餘書，一個是紹興的餘書。還有一個細節，魯迅説的「過了四五年，這寄售處不幸被了火，我們的書和紙板，都連同化成灰燼；」此處「被了火」的書是已出版的第一冊和第二冊已無疑議，可是連同化成灰燼的「書板」，卻不是屬於第一、第二冊的書板，它只能是未及面世的第三冊的書板（也就是今天説的「紙型」），因為魯迅在這段話的前面還有「於是第三冊只好停板，已成的書，便都堆在上海寄售處堆貨的屋子裏。」的話，這句裏的「都」字很清楚地點明瞭「書和書板」的區別。不能再往下深究了，再究就改題「《域外小説集》存世考了」，在這個問題上有太多的「其説不一」。

我想搞清楚的是，這本從天而降的東京版《域外小説集》，是從哪個管道流散出來的，上面沒有周氏兄弟的簽名也沒有蔣仰卮的捐贈印，這樣就可以大致判斷是屬於前説的「六十冊」中的一本，然而隨之又有一個疑問：它是屬於東京賣出的四十一本之一呢，還是上海賣出的「二十冊上下」中的一本？這幾年中國書商從日本回購回來許多珍本，他們的版本知識中是不會漏掉《域外小説集》的，這本書太有名了。但這次這種可能性不存在，若是從日本重金買回，賣主不會傻到放到舊書網上去撞運氣，凡是能夠到國外淘書

然後回國掙差價的書商都是非常瞭解古舊書市場行情的，他們知道如何買，更知道如何賣——追求利益最大化。現在，這個疑問對我個人而言，大致廓清，只是一個環節還不清楚，是誰把書送到中國書店拍賣的，是那個書販，還是書販的買主。中國書店每年有兩場「大拍」，拍的都是檔次比較高價錢比較貴的古舊書刊，本場拍賣（2007年11月4日）的拍品圖錄的第379號拍品正是這本從舊書攤流散出來的《域外小說集》，拍賣估價為3萬至5萬元，拍品說明中對此書的存世量仍沿襲了以往的說法，畢竟此書是首次亮相拍場。

　　當場拍賣，《域外小說集》自3萬元起拍，在15萬之前有好幾位競標者，爭奪可謂緊張激烈，叫價過了20萬之後，只剩下兩個人在舉牌了，由混戰變為一對一的較量，最終當拍賣師喊到「27萬，27萬，最後一次」時，拍槌在停頓了十數秒後，驟然落下，全場報以掌聲。

　　現在，這本珍籍拍賣了29萬7千元（含10%傭金），出乎了大家的想像中的價位很多。以近三十萬元的價錢買一本平裝書，儘管是珍本，但畢竟不是壞內孤本，難說物值相匹，況且此書有兩大缺陷，一，只有第一冊，只能算半部書，若論印數，第二冊（500本）比第一冊（1000本）倒稀罕得多。我的意思是，若是全本兩冊且為毛裝，三十萬還能理解，現在是兩本書的錢買一本書，只能理解為「不惜代價，志在必得」的行為了。二，此書非毛裝本。魯迅說「裝訂均從新式，三面任其本然，不施切削；故雖翻閱數次絕無污染。」很明白地說明該書是毛裝書，至於是不是全部1,500冊都是毛裝，現在無法查證（筆者傾向全部為毛裝本）。我的意見是，不能以為現在見到的是切邊本就斷定當年出版時即有毛裝和切邊的兩種，因為還有一個很大可能——是讀者買回毛裝本後自己切邊的（而切邊的改回毛邊則絕無可能），換言之：證毛裝易，證切邊難。永遠不會有一大堆的《域外小說集》擺在這讓我們舉證對核，這事就永遠存疑罷。

古城書價

居京半個多世紀，買舊書二十年，最敏感的當然是書價，其實舊書價一直就沒便宜過，我該算四九後第四波買舊書的人（第一波是五、六十年代，第二波是七十年代，第三波是八十年代）只要你是靠薪水買書的，那你永遠會感覺舊書是貴的是在漲價的。我有一個簡易比較法──書價與收入之比，八十年代那十年的月收入是幾十元到二、三百元，取平均數月入150元吧，一本像樣點的舊書十幾塊，占你的收入的十分之一，多買幾本就可能影響生活了；九十年代的收入差距拉得比八十年代大得多了，三百元到二千元，我這裏説的都是一般人家的月收入，喜歡買舊書的人裏一般階層者居多數，而此時的舊書價幾百元幾千元一冊已是尋常事耳，一本書用光一月之收入亦非鮮見；新世紀以來的幾年，書價已不能以月收入來衡量了，月薪之外的收入也已今非昔比，過去是活錢少餘錢少，現在你一月買1,000元的書，在別人眼裏不算少了吧，但你手裏還會有足夠保證生活的錢，不至於寅吃卯糧，這就是我們一直以來納悶的為什麼書價這麼高了還有人買得起的原因之一，水漲船高，沒有什麼可大抱怨的，何況，書價不是物價，書不是每日三餐，書是可買可不買的。本人曾寫過一小文〈不是書價高，是你收入低〉，即是無奈的自嘲，説是清醒的自我定位也成。

舊書貨源日漸枯竭是書價上漲的必然之路，這是任何商品都存在的「物稀為貴」的本性，是人所共知的道理，只不過舊書的商品屬性從未像今天這麼顯明。此外，還有兩個大原因促成書價一路走高，一個是藏書人群的迅猛發展，版本知識的普遍提高，舊書價原來是傳統的品種漲，時至今日，不論新舊不論古今是書就有人群收集就有人肯出錢，普漲，普漲，幾無死角。聽也沒聽說過的八十年代出版的「網格本」外國名著小說，能賣到幾百元上千元，你不理解就說明你跟不上時代了。十七年經典小說的收集，已蔚然成風，《山鄉巨變》精裝護封本賣到一千元，「三紅一創，青山保林」的早期版本，品相好的，出價兇猛的大有人在，本人漸漸招架不住也。五十年代商務印書館再印本《石頭記》，兩冊精裝，書品完美，賣到了近一萬元。四大古典名著的五、六十年代版本，被愛好者熱追，賣相好的本子賣主都用透明袋呵護，只要看到書是被透明袋包著的，這價就低不了，討價還價的餘地幾無。別看連環畫小人書地位低，價錢可高得眩目，幾千幾萬元一本（套）太普遍了，跟小人書相比，以小人書的價位作參數，我們以為高不可攀的舊書價實在是小巫小小巫，熱衷收集新文學舊版書的人群不能說少吧，可是單冊單價賣到一萬元以上的並不多見（簽名本另當他論），也許是身價夠萬元級的作家本來就少吧。

　　還有一個原因是舊書拍賣業的出現，拍賣為高書價再往高攀搭建了一個更高的平臺，從而也造就了畸形價的大溫床，資本逞豪的大舞臺，火上澆油，一發而不可收拾。以往我們舊書的來源不外舊書店、舊書攤，書市這幾個管道，如今多了現場拍賣和網路拍賣。拍賣的出現是好事也是壞事，有些人如魚得水，長袖善舞，大得拍賣之利；有的人視拍賣為洪水猛獸，過去閒庭信步悠哉悠的淘書情致再不可得，為一本書而赤膊上陣與人爭嘴，他們拉不下臉來。我是折衷派，原來買得起的有了拍賣反而買不起了，原來買不起的

有了拍賣就更買不起了，但是我一直關注拍賣，拍賣場上還是可以花不多的錢買到很不錯的東西，當然這是拍賣初興時期的事，現在不成了，質次價高，出到過去幾倍的錢只能買到很一般的貨色，那又何必呢。拍賣的好處是可以近距離看到許多平日難得一見的版本書，是很好的學習機會，錯過不免可惜。價位超高，收入跟不上，依然喜歡書，這倒好辦了，「不見可欲，其心不亂」，根本買不起和差一點就買得起，不會是一個心態的，前者「哀莫大於心死」想都甭想倒踏實了，比較不好處理的是後者──買起買不起之間，局外人哪裡知道愛書人面對書時「買與不買」的種種思想鬥爭，有如哈姆雷特說的「活，還是不活，這是個問題。」

《好文章》作者小考

我買《好文章》時只是因為自己沒有這本雜誌，價錢低也能接受，到手後並沒有像以往收到舊刊物那樣查查刊物背景，辦刊宗旨，哪些作者，有無資料，這兩本《好文章》（我先買到的是第一，二輯）實在是太平常了，登完記也就冷置了，某天電話中與止庵先生閒聊，他說到《好文章》裏有周作人的文章，我怎麼沒注意呢，趕緊又把《好文章》重新捋了一遍，沒找到周作人，有點失望，可還是啟發了我一個想法，不該輕率地放鬆對貌不驚人的刊物的追蹤。不久，追蹤有了回報，我的一位上海老年書友藏有全套四期《好文章》，我們交往已五、六年，他把《好文章》寄到北京，老先生

《好文章》書面。

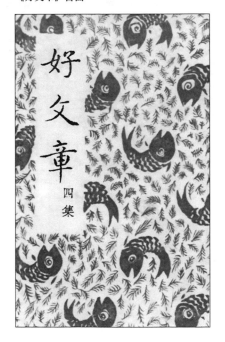

對舊期刊的熟知程度及私藏之豐富我感覺就是專業人員也比不上，還有一點，他是舊期刊的同代人，刊海沉浮，親聞親見，許多雜誌老先生當年是一本一本按期買的（或郵局定閱的），這樣他對刊物的時代背景的真切瞭解，當然遠勝我這樣的隔代的「隔靴搔癢」的愛好者，老先生經常在信中批評我對某些舊刊物背景的定位和誤識，除了姜德明先生，老期刊版本上對我教益最大的也就是這位老先生了，他雖然從未在報刊上發表過這方面的文章，可是他給我的這封信，實在是好過許多期刊研究之大作。

其章先生：您好，三月底收到大札，又是一個多月了，乏善可陳，又懶於執筆，至今未寫回信，歉甚，今天上午忽接先生電話，蒙垂詢《好文章》作者筆名的猜測（注，老先生在《好文章》粘一紙條，寫有他的猜測，如辛奧——金性堯；怡然，司徒然——陶亢德；吳商——柳雨生（柳存仁）；岳得，無得——紀果庵等等），根據什麼？因事前沒有準備，臨時應對，只能憑記憶所及略抒己見，事後稍作補充，供先生參考。

《好文章》文章分兩個類型，一部分是名家已發表過的文章（或單行本）的重刊，另一部分是特稿，關鍵是這些特別組織的稿件沒有一篇熟悉的名字，但看其內容，卻又合本人口味，因而見即購之，此刊是解放前幾個月才創刊的，那時一切刊物都已奄奄一息，忽然又新出一種《好文章》，本是一件令人感到奇怪的謎，這個謎團過了四十餘年以後，才續漸明朗起來，首先在周作人熱潮中，周的各種作品重新出版，發覺《好文章》中有多篇出現在《知堂乙酉文編》，《過去的工作》和《周作人佚文集》中，才確知當年在《好文章》中出現的「丁鶴生」「王壽遐」「孟開舟」「十鶴」原來都是周作人的化名，之後我又在1992年四月號《民國春

秋》雙月刊中發現一篇〈周作人出獄之初〉的文章，才知道
《好文章》的來龍去脈，原來在解放前夕，周作人由其弟子
尤炳圻保釋出獄後到上海四川北路福德里（橫濱橋南側）他的
家中，此時一批抗戰勝利後以漢奸罪入獄的如陶亢德，柳雨
生也都獲得釋放，為了解決他們的生計，有個出版社願意為
他們出版一個小本子叢刊，條件是：內容不得觸犯時忌，不
能用真名，不料創刊號一出，銷路不差，據說共出版五集（但
我只買到四集，關於這一點我尚有疑問，第四集是1949年2月出版的再
過一個多月上海就解放了，這第五集是否出版過只能存疑了）。

　　根據這篇文章的啟示，這些特稿的作者真相就有條件可
以逐漸明瞭，因為可以將符合條件的那些落水作家，根據作
品的內容逐個對號入座：

　　　　「怡然」是陶亢德的化名，因為他寫的有關鄒韜奮的
　　　　文章，別人都對不上號，陶曾經在三十年代鄒主辦
　　　　《生活週刊》時作過鄒的助手。
　　　　「吳商」必是柳雨生的化名，他那篇《淪陷日記》內
　　　　容就是柳雨生的當年活動紀錄。
　　　　「無得」「岳得」和「吳庸」曾在《好文章》發表
　　　　〈所得錄〉和〈罔且殆哉札記〉，其文字風格和當年
　　　　《風雨談》上紀果庵的〈風塵澒洞日抄〉〈不執室
　　　　雜記〉類似，都是文言的讀書筆記，而且，「吳」
　　　　「無」南方口音相似，紀的本名為「紀庸」，那末
　　　　「吳庸」一名更要算到紀果庵頭上了，不過「吳庸」
　　　　還有長篇連載的譯文特稿〈奇人奇事錄〉，若此說成
　　　　立，紀果庵也有譯文發表，那是異乎尋常的，這些猜

測是否合乎情理？雖已大膽設想，還望先生繼續補充證據，以致進一步證實。

「朱庵」是「銖庵」的同音，而後者在三十年代《人間世》上發表文章都此名，而且在淪陷期間才改用「瞿兌之」的，估計不會有錯。

「鎮岳」，我認為是「趙尊岳」，他在《古今》上用趙叔雍署名寫的《人往風微錄》連載多期，他是汪偽上海特別市政府的秘書長，凡在淪陷後上海的人們都熟知此人，不會有錯，而況文章內容也是二、三十年代政壇掌故。

此外金性堯取名「辛奧」，先生已寫過考證文章，令人信服，不詳談了。

「一士」為「徐一士」，「季木」為「許季木」，那根本不算用筆名，一目了然。

「文基」「何文基」，我懷疑即是當年《宇宙風乙刊》《天下事》等「孤島」期刊中的翻譯能手「何文介」（有時用「何渾介」），不知確否。

先生既然對《好文章》的作者署名，考證出其真相感到興趣，我上面的這些可以供先生參考，但還需進一步核實補充證據，同時還存在不少問題需進一步探索，例如還有部分特稿的作者署名還是空白，如「叔異」、「查子仁」、「周歧隱」等等，很可能就是上面提到各人的另外「別名」，但需證實。至於譯稿的署名，也同樣有不少老手，我沒有花工夫去探索，同時資料也不在了，我還認為還有幾位「知名人士」沒有考證出來，例如：周黎庵，周越然，蘇青⋯⋯他們雖未被捕，但也迫於形勢，不便用真名寫作，為何沒有出現

呢？其他如實齋，周班公，譚正璧，譚惟翰等也同樣可能用其他署名出現在《好文章》內，均需有待繼續探索，幸而目下當事人尚有健在者，雖多已逾耄耋之年，是否有條件獲得他們的「一言九鼎」呢。

先生的電話，引起了我的好奇，花了二天工夫草了上面一些內容，但我感覺，這項工作以前很少有人注意到，是研究舊社會文壇的一個空白值得繼續探索，先生今後如有新的發現或有糾錯內容，煩請告知，專此匆匆，即祝，撰安。

釗敏五月十七日。

又，《藏書家》12期，不知何日出版，上海尚未出現此期，因有先生精彩文章的下編，望告之，以免失之交臂。《民國春秋》的那篇文章，我查到的是當年閱後摘要，原文估計有，但不在手邊，如先生需要，須待之異日。

現在回過頭看，前二期是試探性的，後二期才是辦刊的真實意圖（或說是效果），抗戰勝利後，那些在淪陷時期寫作很多露面很多的文人，如何度過生活和寫作兩個關卡，似乎反映這方面的正面材料很少，好像到了四八年，這些文人化名寫作的多了，才使人感到他們還存在還能寫，周邊環境似乎也比勝利初期寬鬆或者說有更現實更急迫的事務使得輿論暫且忽略了這些文人的存在。

名稱《好文章》的雜誌我知道的有兩種，兩種都出自上海，一種是一九三六年創刊的，至第二年八月停刊，總出11期，是文摘性質的刊物，沒什麼可說的。另一種《好文章》是不定期的，總出四集（1948年8月至1949年2月），小本，每期百餘面，第一集（版權頁作「甲集」）特殊些，一百四十面。這本《好文章》有很多可議（可疑）之處，它的外型和版式都不像常規的雜誌，沒有一點美編的跡

象從頭到尾只有字（唯一的變化就是目錄的字型大小比內文大一點），沒廣告（只作過徐一士著《一士談薈》一次，但實在不像廣告，倒像補白），沒主編或編輯的名字，只署「好文章社」（社址第一期在「上海南京路慈淑大樓五二三號」，後面三期就是「上海東長治路二八八號」了）沒發刊詞，編後記云「這是一個新的嘗試！集古今中外，作的譯的選的好文章於一集。我們第一注意的是作，曾經分請國內有地位的作家撰稿。」，這後一句話很可疑，請的名作家在哪呢，且將第一集的目錄抄給大家看：

最早的一部官場現形記——朱庵

社會上有好人——唐芝軒（摘自5月13日上海《大公報》）

我鄉的綠林好漢——何尚

（摘自《論語》第80期，1936年1月16日）

人種無優劣——自浣（原載beadoradigest1946年九月號）

所得錄——無得

奇人奇事錄——吳庸（wlliiam f me dermottand karl detzer）

扇子的藝術——豐子愷（轉載《藝術漫談》，人間書屋出版）

廬山遊記——胡適（摘自《廬山遊記》）

霍亂菌的故事——愷悌

狗像人的地方——三人（摘自《西洋雜誌文觀止》）

莊蘊寬外傳——鎮岳

訓子書——文基

新疆女兒——紀陶（摘自《新聞天地》第42期，1948年6月）

拿破崙的晚年——季木

（注：據老先生考證，此文原刊1944年2月《天地》雜誌，轉載時有刪節。）

舐犢情深──雲玖（摘自《在英倫前線》一書原作者
v`.brittain）

愛花談──何若（摘自《何若雜文》）

蘇東坡傳──林語堂著何文基譯

編後記

　　如此雜亂無章的編排，一望而知是在胡亂拼湊，編者是故意這麼作的（這種故意在當年讀者是看不出來的，因為破解某些化名在當年做不到，多少年後某些作者的化名才被讀者所知）編者在製造混亂，只有把那些化名者一一還原真身，編者的真正用意才會顯露，為什麼這麼多作者要用化名（有的連筆名都算不上），不用本名那就是有不可人知的事。胡適，林語堂，豐子愷是「有地位的作家」，但在當時都不大可能給《好文章》寫稿，個人的情況國家的情勢都不可能（胡適在北大忙著呢，林語堂在美國），他們的文章都是摘來的，編者用名人作障眼法。

　　直到《好文章》出現了周作人的文章才不同尋常起來，才使得有有心人下功夫考證某些化名的原身，才使人聯想到有必要問一問這本雜誌出版的真實意圖，終於，這個謎團，接近解開了，有了個說得通的說法，可是這個說法再也無法得到當事人的確認了，他們多數不在了，我知道還有一兩位尚在，但人家九十往上的歲數了，還是算了罷。

　　周作人的文章在《好文章》的第三集出現（〈五十年前之杭州府獄〉，署「丁鶴生」，文尾落的寫作日子是「三十七年九月」，即1948年9月，此集出版於1948年11月，此時周還在南京老虎橋獄中，文章如何到的上海？止庵《苦雨齋識小·乙酉文編考》有云：「〈五十年前之杭州府獄〉曾刊於《好文章》1948年第三集（十一月），篇末引自作〈花牌樓〉詩，作於丁亥（一九四七年）暑中，文章當寫於此後。」這是相當細心的推論，而

鍾叔河、張菊香、張鐵榮等只看到此文收入《知堂乙酉文編》，就想當然的把寫作日期繫在1945年（乙酉）了，同樣是沒看到《好文章》原件，胡適說的「讀書當於不疑處疑之」，有些同志沒做好。

在《好文章》的第四集（1949年2月），有周作人三篇。（〈希臘運糧記〉署「十鶴」，作於1948年10月；〈孔融的故事〉署「孟開舟」，未署日期；〈談胡俗〉署「王壽遐」，未署日期）這三篇中，〈孔融的故事〉，止庵與鍾叔河等都未見過《好文章》原刊，但後者仍沿襲了前面說的那個「想當然」，還是止庵說了：「惟〈孔融的故事〉一篇寫作時間難以推測，〈小說的回憶〉中曾摘引此文，說是『我近時說過一節話』，當寫在後者之前，然而不宜因收入《乙酉文編》，即輕易斷言是那一年的作品。」（《苦雨齋識小·乙酉文編考》）周作人為發表〈孔融的故事〉而使用「孟開舟」這個筆名，似乎沒有人在研究周作人時提起過。

只有把《好文章》的目錄全部擺出來，事情才能看得比較清楚——這是不是一本值得深究的刊物，到底是誰主持的這本雜誌，是不是當年唯一的專門為了給此類特殊文人以出路而創辦的雜誌，另一本叫《子曰》的雜誌比《好文章》做的張揚得多，後來的《亦報》也有同樣的思路，既便不純是為了吃飯，文人也需要發表的空間。

《好文章》第二輯目錄

清代的救濟特捐——一士

給亡婦——朱自清（選自《你我》，商務印書館出版）

錢不值錢的時候——自浣
（原作者STEFAN Z WEIG原載一九四一年七月號reaaders digest）

所得錄——無得

奇人奇事錄──吳庸（原作者buth lyons）

仙霞關遊記──郁達夫（選自《屐痕處處》，現代書局版）

張一麐外傳──鎮岳

事不宜遲──愷悌

（原作者STEFAN Z WEIG原載1941年7月號reaaders digest）

叫哥哥──何若（選自《何若雜文》）

罔且殆哉札記──吳庸

我國銀行的罪惡──喻淦邨（摘自《新路》第一卷第九期）

一談顧孟餘──查子仁

華爾街的神秘人物──許桐華

豪門叢談──辛奧

震動世界的噴嚏──司徒然

游泳之道──古司博今（轉載《宇宙風》四十四期）

蘇東坡傳──林語堂著何文基譯

第三輯目錄

五十年前之杭州府獄──丁鶴生

海外奇談──司徒然（原作者georgekent）

峨眉憶游──任叔永（選自《宇宙風乙刊》12期）

模範編輯鄒韜奮──怡然

奇女子傳──江自浣（原作者dorothy Walworth）

談相國──徐一士

韋湯生外傳──鎮岳

談戰爭──沈錦屏

（選自八月二十一日至二十三日上海大眾夜報副刊縱橫）

所得錄──岳得

民國的一部最大禁書──辛奧

為駱駝辨──三人（選自《西洋雜誌文觀止》）

淪陷日記──吳商

蘇東坡傳──林語堂著何文基譯

第四輯目錄

黃郭別傳──鎮岳

希臘運糧記──十鶴

怪現狀一臠──叔異

浙西奇境白塔洞──周歧隱

篤信上帝的呆子──秋田譯

（譯自《讀者文摘》一九四六年三月號）

孔融的故事──孟開舟

婚禮不是姻俗──張爕月譯（譯自《讀者文摘》）

文章大會與好文章──一士

奇人奇事錄──吳庸譯

談胡俗──王壽遐

蘇東坡傳──林語堂著何文基譯

　　除了摘譯文的作者，另有查子仁，許桐華，叔異，周歧隱對不上號。查某資料周歧隱是位名醫，浙江人，但是不是同一個人，存疑，《好文章》上的周歧隱自言「近編兩浙名勝考，凡吾浙名區勝地……無不詳為記述，積稿二十萬言。」又稱「近得浙江通志館同事徐映璞君見示其白塔洞遊記……爰為迻錄，以向讀者。」可見兩個人雖是同鄉，但幹的行業相距太遠，似乎僅是同名同姓而已。剩下的三人，許桐華的文章可能是譯文；「叔異」是不是陳紹聞（1912年生人，字叔異，1940年畢業於中央大學經濟系，五十年代初在復旦大學任

教），待考；查子仁談的顧孟餘是位中等名人，查說「我和顧先生，風馬牛不相及這句話正用得著，我久居南邊，他是河北省人。」

《好文章》中以柳雨生的《淪陷日記》最為膽大，最為直接，把大家都不願回首的那段經歷細緻入微地記錄下來，自1945年1月1日至2月12日，共四十天的日記，雖多記個人生活瑣事，正可見社會情勢，如物價（柳稱他月入六萬元只抵戰前五十元。此時黃金78,500元一兩；四個人吃一頓席「雨蝦子，醉蟹一，大魚頭豆腐，白蹄，燒菜心，又酒飯，共九千餘元。」；「配給紙每令將至萬八千一令。」；「余雇洋車回家，價五百，外加一百。」）空襲，交通，書業，食品等，當時柳主政太平書局，還主編《風雨談》雜誌，可惜這些內容不曾載入，只2月2日記有「今日余赴福建路某書肆購木板書共十餘冊，價約四千，貯以此為紀念，明日書價又增。折返肆中，知上月份開支計九十餘萬，殊可驚人，未來長策之不籌，將伊於胡底耶。」此處的「肆中」當為太平書局，另有數處「至肆」的記錄，但皆一筆帶過，不詳其事，柳的日記估計後來有所增刪才拿到《好文章》發表。《淪陷日記》所涉彼時書人書事者，有我感興趣的，摘錄一二：

一月八日，星期一，晨起窗外俱白，大雪飛舞。街道泥濕，清道夫絕跡，忽憶周啟明有兩個掃雪的人（民國八年一月十三日作），見《初期白話詩稿》。今日蓋已無如此勤潔之人矣。

一月十一日，星期四，絳老函欲買北新版《風雨談》《秉燭談》，赴福州路親為搜求寄贈之，價九百三十餘元。

一月二十四日，星期三，某君言國光印刷斷電，《大眾》及《語林》均停中，夜訪君浩，未遇，在忠清處。讀起架上《自己的園地》，《雨天的書》，《談龍集》，《永日集》，《瓜豆集》，《瀉澤集》等。

一月二十八日，星期日，十時半起，漫步去看極司非爾路舊書攤，予欲購林譯《孤星淚》，二小冊索價三百，未買。

二月八日，星期四，午後二時偕盛武及L，Z步馬路，買《大眾》二月號（注：此期有柳雨生文《三考記異》），三百元，以贈L君。晚過LZ室，見一人寂伏看書，則《傳奇》也，云樓上眾人圍爐殊擾擾，不如冷處為愈。（今偶翻《古今》，有許季木之〈美國投機家列傳〉，〈華爾街的神秘人物〉開頭就特意提到前文的投機家名字，又聯想到〈拿破崙的晚年〉是選自《天地》，那麼許桐華即許季木無疑。鈎沉發潛真是一件處處留意的耐心事。2007年10月19日。）

青春的閱讀

七十年代初，為了尋找出路，我投奔在青海的父親，在那待了兩年。青海的記憶很像一首唐詩「走馬西來欲到天，辭家見月兩回圓，今夜不知何處宿，平沙莽莽絕人煙。」有一年的光景，我幹的活是修路，準確的說是開路──在沒有路的荒野中闢出路來。青海的風很大很硬，夜風把帳篷吹倒了，我們也懶的再搭起來，素性把帳篷當作又一床被子，天亮了再說。青海的空氣很乾躁，缺蔬菜，沒水果，嘴唇沒幾天就裂開了口子，感到很委屈。七十年代是沒有文化的，青海最缺的還是文化，朝鮮電影《賣花姑娘》令全國人民哭聲動地哀。我在青海讀了兩本書，一本是《虹南作戰史》，一本是《紅與黑》，當然不止這兩本，但記得深的是這兩本。2005年5月28日我在新購《虹南作戰史》扉頁上寫了一段話「今日購此書於潘家園舊書攤，同遊書友皆嘲笑吾檔次低，他們哪裡知道這本書三十年前曾經幫我排遣夜晚的孤寂。回家後翻查舊日記，在第五冊日記中查到1973年8月30日所記：『這兩天把那一段路幹完又前進了五十公尺，開始覺得累了。《虹南作戰史》還算有點意思。』就這樣的兩行字，誰解其中味。青海歲月我沒人可說。如果用顏色來形容青海的日子，不是紅色也不是黑色那也不是黃，是一種灰白，蒼茫高遠的色調，吞食了我兩年的青春，那隻天邊

的雛鷹，三十年後再也厭倦了飛，該著地了，偏居一隅，以終殘生。」

找回少年的閱讀記憶，《虹南作戰史》只是其中的一個，此書初版於1972年2月，上海人民出版社出的，作者是「上海縣《虹南作戰史》寫作組」，那個時代突出集體智慧，反對突出個人。這書還有幾幅插圖，竟是彩圖，凡引毛主席語錄，一律變黑體字。買書買多了難免有買重的時候，像《虹南作戰史》亦未能倖免。剛才發現其實我在2003年2月23日已買了一本，扉頁有當天的一段話：「不可思議三十年前是如何一頁一頁讀完此書的，後人無論如何詮釋歷史都無法真實地還原歷史，那僅是一個念頭，一瞬即逝，捕捉不到。青海歲月，帳篷裏讀這書，帳外呼呼的荒原之風，每個夜晚做完工，將歇時分，這書成了每天的盼頭。今日以6元錢購自報國寺書攤，用來紀念三十年前的青海。」報國寺得的這本比潘家園那本品相整潔的多，開本和厚薄與1980年版的《晦庵書話》像一個模子做出來的。我們這幫淘書客管潘家園叫「老潘」，管報國寺叫「老報」。自從國營的舊書店自甘墮落之後，這兩個地方的私人舊書攤便成為我們的樂園，我的十七年專題大多得益於這兩個地方，老潘比老報得的多。

有一位叫沙林的作者最近提到了《虹南作戰史》，他是這麼說的「過去的書很好，是因為你一看就知道好或不好。早讀的書裏，有一本是文革期間上海縣集體創作的《虹南作戰史》，寫貧下中農跟地主階級鬥爭走合作化之路的，據說是文革中第一部無產階級的長篇小說。枯燥無味，所有的情節人物都是按照階級鬥爭的說法流水製造拼接出來的。這樣的書一看就知道不好，沒有迷惑性。」（《春潮—我的早期閱讀史》）我遠不如沙林同志，沒有能力「一看就知道不好」，我只知道當年有書看就不錯了，而且我也不想事過境遷地用今日之觀點批判昨日之選擇。

　　八十年代，個人與時代，均喘息稍定，我開始搜羅一九六六年以前出版的經典長篇小說，範圍限定在我少年時代讀過的。這裏有一個形象的概括，好像最初是中國青年出版社內部傳出來的；——「三紅一創，青山保林。」「三紅一創」即《紅岩》，《紅日》，《紅旗譜》，《創業史》；「青山保林」即《青春之歌》，《山鄉巨變》，《保衛延安》，《林海雪原》。除了這順口溜的八部經典小說，我自編了「三花一鐵，新敵豔野。」「三花一鐵」即《苦菜花》、《迎春花》、《朝陽花》、《鐵道游擊隊》；「新敵豔野」即《新兒女英雄傳》、《敵後武工隊》、《豔陽天》、《野火春風鬥古城》。所謂經典小說，題裁基本三大類，打仗的，革命的，農村的。除了上述這十幾本，另有《上海的早晨》、《小城春秋》、《三家巷》、《苦鬥》，《烈火金剛》（「二火」之一，另一「火」是蒙古族作家烏蘭巴幹著《草原烽火》）、《李自成》、《橋龍飆》、《晉陽秋》等書。當年有「三部曲」雄心的作家很有一批的，可惜真正最終實現雄心的沒幾個，實現了的也是跨越了十年浩劫後實現的，實現的很勉強，——前強後弱。如《紅旗譜》的第二部叫《播火記》；《豔陽天》的下部是《金光大道》；《創業史》預告的

《播火記》版本很多，
此版為我喜愛者。

圖上：《古城春色》為十七年革命小説壓卷
　　　之作。
圖下：《迎春花》書影。

是四部，可我只看到了「互助組階段」的第一部。歐陽山的「一代風流」是多部頭的長篇小説，1966年前出了第一卷《三家巷》和第二卷《苦鬥》。在第一卷預告了以後的幾卷是「苦鬥」、「莊嚴與無恥」、「到延安去」、「大地回春」。第二卷《苦鬥》如期出版了，1966年以後出版了第三卷《柳暗花明》、第四卷《聖地》，第五卷《萬年春》，好像完成了最初的所有預告，真是一個特例。

有的小説印象為何尤其深刻，是因為小説改編過電影，兩種藝術形式互動互補，想忘都忘不掉。有的小説在當年的傳媒利器——收音機裏有個「長篇小説連續廣播時間」，每天中午半小時，好像是12點半到1點。當年聽收音機的這個節目頗似今日之電視連續劇，到點必聽，拉一次都覺得難受。我沒有機會認識任何一位小説的作者，最接近的一回也只不過是見過電影《青春之歌》中林道靜的飾演者謝芳。電影《青春之歌》中林道靜與余永

澤初戀，倆人漫步在海邊，書裏的文字是這樣描述的「上弦的月亮已經彎在天邊，除了海浪拍打著岩石的聲音，海邊早已悄無人聲，可是這兩個年輕人還一同在海邊的沙灘上徘徊著，談説著。」走著走著，他倆坐在岩石上，余永澤深情地念起了詩，那景象太美了。後來我卻怎麼也在書裏找不到余永澤念的那首詩（《青春之歌》第一版裏余永澤沒有唸詩，第二版裏唸了，唸的是海涅的詩），這是咋回事？終於我在《電影「青春之歌」的分鏡頭劇本》那裏找到了原詩──改成了雪萊的詩：

> 喃喃的海波安歇了，
>
> 雲彩都各自去遊蕩，
>
> 天空的笑顏就映在
>
> 海洋的蔚藍的胸上，
>
> 這一刻，好像是從碧霄外飄來的時光，
>
> 彌漫在這兒的落日的餘暉，
>
> 也彷彿是來自天堂。

余永澤念詩時的表情真摯極了，是整個電影中最經典的鏡頭。

經典小説收入語文課本也是能夠傳之久遠的手段，又因為收入的是精典的小説的片段，印象尤為鞏固，比如《創業史》裏的「梁生寶買稻種」一節，好像當年上課是要求背誦的作業，三根火柴找睡覺的地方；五分錢喝一碗湯麵，描寫的多細。幾十年後，我在舊書攤淘得《創業史》後，馬上尋找買稻種這段，似曾相識燕歸來，那時的美文以今日眼光視之，頗多可笑之處，如「儘管飯鋪的堂倌和管賬先生一直嘲笑地盯他，他毫不局促地用不花錢的麵湯，把風乾的饃送進肚裏去了。他更不因為人家笑他莊稼人帶錢的方式，顯得匆忙。相反，他在腦子裏時刻警惕自己，出了門要拿穩，甭慌，

免得差錯和丟失東西。辦不好事情，會失黨的威信哩。」我們後來都知道黨的威信何至於這麼脆弱。

　　我個人發現的又一個規律，小說的初版本往往沒有插圖，插圖本往往都是在小說受到歡迎以後出版社趕緊找人畫的。《新兒女英雄傳》初版有插圖，我想可能是原先在報紙上連載時就有了插圖。《紅岩》初版有插圖，也許因為《紅岩》的前身《在烈火中永生》先就有了插圖。《小城春秋》初版沒插圖，第二版有了阿老的插圖。《紅旗譜》剛開始的好幾個版子都沒插圖。《苦菜花》、《迎春花》的初版本都有插圖。《烈火金剛》好像一直就沒出過插圖本。

　　《創業史》很可惜沒有插圖，好在這點遺憾在外文版的《創業史》裏得以小補，是阿老的插圖，是素描人物像，真是畫得好，我的作法是，多買一本，把其中一本裏的插圖割下來，放到中文版相應的頁碼裏。我說沒插圖是指1966年之前的，1977年新版的《創業史》有了蔡亮的插圖，插的方式是臥圖，小幅，沒有占整頁的，計景物畫4幅，人物畫7幅。《鐵道游擊隊》，我也是這麼幹的。《青春之歌》我亦如法炮製，後來在舊書網拍到一本帶插圖的，那本假插圖本變為了過去。

　　初版的概念在小說的出版上尤為混亂，「初版」往往不能等同於「第一版」。舉個例子，手邊有精裝本《紅日》，版權頁注明「人民文學出版社出版，1959年9月北京第一版1959年9月北京第一次印刷」，它是《紅日》的「初版書」嗎？不是，它只是人文社的「第一版第一刷」而已，《紅日》的初版應為「中國青年出版社1957年7月第一版」（1962年《中國現代作家著作目錄》）

　　還有就是《紅旗譜》，我先得一精裝本，版權頁：「中國青年出版社出版1958年1月北京第1版1958年1月北京第1次印刷印數1-52,000（內精裝本15,500冊）」，這樣的著錄該確定無疑是1版1印

的初版書了吧？又不對了，近日我高價得一冊平裝本《紅旗譜》，版權頁：「中國青年出版社出版1957年11月北京第1版1957年11月北京第1冊印刷印數1-52,000內精裝本（15,500冊）」。比之精裝初版時間提前了2個月，也就是說1957年11月應該是《紅旗譜》初版的日期，而1958年1月有可能是精裝本初版的日期，因為兩者的印數太一致了，故我有此判斷。《紅旗譜》後來的本子我存有四五種（1959年9月的，1959年10月的，1962年8月的），均於版權頁著錄「1958年1月北京第1版」，我就一直以為自己擁有初版本，直到1957年11月這本的出現，才打破了真實的謊言。

出版社這種「唯我為初版」的例子很多，再舉一個《創業史》的例子。《創業史》第一版於1960年5月由中國青年出版社出版，到了1977年10月中青社第10次印刷，就出了問題。首先是封面變了，而且增加了插圖，在「出版說明」中也表白了「於1960年由本社出版，這次再版時，作者又進行了一些重要的修改。」這幾個再版本的要素都具備了，可是在版權頁還是「睜著眼睛說瞎話」──「1960年6月北京第一版1977年11月北京第10次印刷」，讀者有什麼辦法？明明是第二版了，它就弄成「一版十印」；明明第一版是1960年5月，它就寫成「1960年6月」，中青社自己絆蒜，活該別的社添亂。我又得陝西人民出版社1978年1月印的《創業史》，封面，頁數，哪哪都跟中青版一

《紅旗譜》版本繁雜，此為初版本。

樣，就是在「出版說明」和版權頁上做了手腳，「出版說明」中把「由本社」刪了；版權頁是「1978年1月第1版1978年1月第1次印刷」，這麼做的結果，中青社1960年的初版變成了陝人社的初版。為了加強實證的力量，我又買了廣東人民出版社1978年3月2印的《創業史》，廣人社的作法是：1960年6月北京第1版，1978年3月廣東第2次印刷；另外還加了「中青社出版，廣人社重印」的二行字，「出版說明」也依照中青社的「由本社」而未作改動。我認為廣人社的作法是守規矩的，尊重版權的。一模一樣的三本書（連定價都一樣：1元1角5分），卻代表了三種態度。

1949年以前，版次與印次區分得不甚嚴格，這是藏書時應該注意的。那時印書，無論內容改動與否，每印一次，即算作一版，所以有些書的重版本與初版本在內容上無絲毫區別。1954年國家出版總署頒佈《關於圖書版本記錄的規定》，將版次與印次分開。版次是用以統計版本內容的重要變更的；凡圖書第1次出版的稱第1版或初版（也有稱首版的），內容經過較大增刪後出版的稱第2版，以下類推。圖書重印時，內容如無改動或僅有少量改動的不作為再版，即不作版次的變更。同一圖書改換書名，開本，版式，裝訂，封面，出版者，亦不作版次的變更。

由於上述規定，造成了可以有N個初版《紅日》的滑稽情形。五、六十年代，有的出版社的作法還稍好，它會在版權頁上標明它的第一版僅是它社的第一版，在此之前哪個社哪一年還出過第一版等等，一五一十交代乾淨，或注明是租的某某社的紙型。像規定中說的「書名」、「出版者」都改換了仍「不作版次的變更」，太具欺騙性了，其結果就是使讀者多花錢花冤枉錢。

已故著名編輯家趙家璧對此不合理的規定很是不滿，他以1982年四川人民出版社重印1947年版師陀的《結婚》這事為例──「我把四川版翻到最後版權頁，上面僅印『1982年4月第一版』一行

字，沒有說明初版本的出版年月和何處出版，那麼青年讀者很可能誤認為是作者新寫的作品。我再查閱這幾年各地重印的《四世同堂》，《寒夜》，《圍城》，版權頁上和《結婚》完全一個樣。這引起了我的一點感想。文學作品一旦印成了書，它本身在社會上就是一種獨立存在，在歷史的長河裏載浮載沉，經受它自己命運的擺佈，有的歷經滄桑，有的曇花一現；而一本書的生命史就記錄在版權頁上。所以國外的版權頁，初版本、修訂本，移交另一出版社出的新版本或紙面本，樣樣都作說明。我們的《魯迅全集》，對各書初版本都有交代。這樣做的好處，一則尊重出版的歷史，二則對文學史研究者提供了重要的參考資料。我還見到新出《老舍文集》內連眾所周知的《二馬》，《趙子曰》，都不注明是『商務』出的初版本。」（1983年3月「錢鍾書的《圍城》和師陀的《結婚》」）鄙人建議以後用「最早版」這個概念來釐清十七年小說版本上「初版本」與「第一版」的紛爭，書販們很會混淆二者的差異以謀不當之利，卻也不排除賣書的的確不懂。

出過許多經典小說的某大出版社，散出過許多他們不看重的資料隨便就當廢紙賣了，書販的嗅覺多敏銳啊，收購上來，立即變廢為寶，有些小說的封面畫和插圖的原稿書販們竟送到了第一等的拍賣行嘉德拍賣公司，這裏有黃新波的《苦鬥》封面設計草稿（木刻），王榮憲《青春之歌》封面底稿（水墨畫），古一舟《林海雪原》封面及插圖原稿（水墨），柳成蔭（原名沈榮祥）《汾水長流》，《鐵流》封面（水墨），彥涵《鋼鐵是怎樣練成的》封面（木刻），估價大致每幅三、四千元。

才知道「利用寫小說反黨，是一大發明。」這句來自六十年代最高層的語錄並非空穴來風，《橋隆飆》就有被禁過，印好之後被銷毀的遭遇。查到一位老讀者的回憶「昨日整理書架，翻出一本一九七八年版的《橋隆飆》。記憶中，這本書是北京一個親戚送

的。他曾經與作者曲波一起下放勞動。此書曾於一九六五年出版過，但因江青等人迫害，沒有發行就被銷毀了。粉碎「四人幫」後，才得以重新出版。因是故交，曲波便送給親戚一本親自簽名且加蓋手章的新版《橋隆飆》。因我喜歡藏書，一九九一年，親戚將此書送給了我。」回憶多有失真之處，如「此書曾於1965年出版過」，實際書是1964年9月作家出版社出版的。「但因江青等人迫害，沒有發行就被銷毀了。」此句不通。還是許覺民的回憶可信度高一些，許覺民回憶「她（韋君宜）調來出版社時，同時調來了作協下屬單位的一些人，其中有一名編輯，文化水平雖不高，卻極有能量，說話常凌駕於韋君宜之上，看樣子是個隱性領導，韋君宜是很怕他的。有一次出版社印了曲波的一本長篇小說《橋隆飆》，內容是寫抗日戰爭年代的一支民間游擊隊，首領名橋隆飆，這支隊伍神出鬼沒，弄得鬼子兵晝夜不寧。這支游擊隊以後為八路軍所收編，但橋隆飆有時仍有些我行我素。此書印好後，那個隱性領導認為此書要銷毀，理由是主人公不服從黨的領導，有損於黨的形象。他到韋君宜那邊去力陳利害，韋無計，把我叫去一起商量。我把小說全部看完後認為無妨，橋隆飆之被收編，就是接受了黨的領導，至於其部隊有些自作主張，正說明其成為真正的八路軍還有待於不斷地進行教育，而且在小說中八路軍正是這樣耐心地做的，這也正是表現了小說的真實性與合理性。不料那位隱性領導仍不以為然，聲嘶力竭地要銷毀此書，我說完後就怫然而走。以後知道，韋君宜還是聽了他的，將印好的書全部銷毀。以後我想，我的怫然而走其實也是一種示弱，力爭才是強者。自此後，我就覺得這個出版社十分複雜，我這個第二副社長說話等於放屁，那隱性領導倒成了太上皇，我對韋君宜既同情，又感到悲哀。」（2002年《痛悼韋君宜》）

　　至於《橋隆飆》禁沒禁乾淨？銷毀的徹底不徹底？大可懷疑。當年就讀到過，──可證有漏網之魚。這幾年淘舊書，書友中就有

淘到過此書的經歷。但此書存世甚少，也是事實，十幾年來我只見到過一本。再見就是在孔夫子舊書網上個月見過一本，還是精裝的，爭拍的尤為激烈，最終905元被山東一書友競得。孔夫子舊書網號稱國內第一，每天有數千本稀少的比較稀少的古舊書線上拍賣，數不清有多少難得一見的珍本在此網浮出水面，惟《橋隆飆》驚鴻一瞥，五年來僅現身過這一次，由此可想它也許真的被銷毀過。書運好，神仙也擋不住。由於我參加了本此孔網《橋隆飆》爭奪戰，又是只輸給最高出價者的次出價者，雖敗猶榮，傳達出「我特想要這書」的訊息。沒過多久，有有心的販書朋友居然又淘到一本《橋隆飆》，第一時間問我要不要，精裝，十品書，嶄嶄新，十成新的書頁泛著一點兒舊色──四十年寒暑的印記。光書緣好不成，還得維住人緣，這樣人家得到書才能想著先告訴你。《橋隆飆》現在我家，彷彿四十年前的少年讀書場景重播。書到手，要證實精裝本原來有沒有過護封，之所以能保存的如此好，沒護封不大可能。網上拍的那本書況甚慘（破損，污垢），估計無數人傳閱過，也是沒護封。這書該是有護封的，扉頁「內容說明」下有一行字：「封面畫：孫滋溪」，再看現在精裝本的封面只那麼一點點兒幾面小紅旗飄著，怎麼著也不能算封面畫，封面畫一定另在護封上。孫滋溪先就給《林海雪原》畫過封面和插圖。想的這，又不知足了，再立志求一本帶護封的《橋隆飆》，搜書就是不斷增加難度係數的遊戲，哪兒是一站啊。

我上初中時讀的《橋隆飆》，吾家貧，從未買過小說，這本是跟同院一同齡女孩借的，她家住北房，是全院經濟條件最好的。初中時我的作文在班上數一數二，讀小說最注意的就是好詞好句子，當然這是當年的標準，現在覺得那些太是「新八股」了。可當年就是喜歡的不得了，覺得曲波能造出這麼美的句子，真了不起。像書的一開頭：

強虜入寇，國賊橫行；河山塗炭，天下混亂。國土片片淪喪，偉大的祖國整個在動盪！一九三七年過去了，又跨進了一九三八年。

戰戰戰，殺出了多少英雄好漢！

降降降，滾出了多少奸臣賊子！

貪貪貪，多少民族敗類，專發國難財！

逃逃逃，多少將軍顯官，抱頭鼠竄！

五千年的古國，誰主沉浮？億萬里的江山，誰定興衰？

　　有一個創作規律，似乎還沒有哪一位作家能夠打破，尤其是十七年成名的那些作家，概莫能外，──第二部小說的品質總超不過第一部，曲波如此，楊沫如此，梁斌也如此，除非是那些只寫一部見好就收的「一本書作家」。

　　《新兒女英雄傳》是我設定的十七年期限中最早的一本，這本書先是連載於《人民日報》1949年5月25日至7月12日的文藝版，單行本第一版由海燕書店於1949年10月出版印行，作者孔厥和袁靜，郭沫若和謝覺哉分別作序，──這麼高的規格，乃小說中唯一一例。這本書後來有多個版本，都是彥涵作的插圖，每版的插圖都有不一樣的地方，還有就是謝覺哉的序不見了。作者孔厥袁靜是夫婦，可惜後來孔厥（1917-1966）因生活問題犯錯誤被開除黨籍，並服刑數年。1957年在家寫作，「文革」中投水自盡。1956年人民文學出版社重出《新兒女英雄傳》，在「出版說明」中有一段話「小說的作者之一──孔厥，後來由於道德墮落，為人民唾棄；但這並不影響這本書存在的價值。孔厥在小說的創作過程中，實際參加過一定的勞動，因此仍然保存了原來的署名。」人文版的插圖很寫實，是彥涵重新畫的，只是數量比之舊版少了許多，僅6幅，且均為正面人物的畫面。《新兒女英雄傳》1951年改編為電影，謝添飾演的張

金龍我最愛看，李景波演的李六子亦好，正面人物不臉譜化，如果再晚十年拍成電影，不大會這麼逼近原書。此書還有外文版，我也存有，《新兒女英雄傳》可說是我這個專題裏版本最完全的一種，它們來自不同的舊書店，也不是一次買齊的，最遠的一本是在上海舊書店淘到的，絕品，還是大32開本。海燕書店首版特難找，先找到的那本沒封面，可我也當寶貝留著，拿它「聊勝於無」，直到前幾天在舊書網買到一本帶封面的，新舊並存，念其皆來之不易也。

　　值得單捏出來一說的還有《紅旗譜》，這書從初版到插圖版再到精裝本到外文版，我也幾乎收齊了。插圖本有兩種，一是大畫家黃胄畫的插圖，另一位也姓黃，黃潤華，名頭稍小，以插圖的角度而論，兩位風格各異，黃潤華畫的多為場景，配合著故事情節；黃胄則是一幅一幅人物形象圖，有古小說人物繡像的味道，不同的是黃胄的繡像使得是濃墨重彩，因而看得出意識形態對創作的影響，正面人物都是帶彩的，且一人一圖或兩人一圖；畫到「馮蘭池、馮貴堂、李德才、劉二卯」，待遇就改為四個人擠一張圖上了，馮貴堂還是個後腦勺，畫面的顏色也只是黑白兩色了。我一直認為馮蘭池和《暴風驟雨》裏的韓老六，是寫得最出彩的大地主形象，馮蘭池比韓老六又勝一籌。《紅旗譜》裏有一段描寫是這樣的「馮家大院，是一座古老的宅院。村鄉里傳說，馮家是明朝手裏財主，這座宅院也是在明朝時代，用又大又厚的古磚修造起來。經過二百年以上風雨的淋曬，門窗糟朽了，磚石卻還結實。院子裏青磚鋪地，有瓦房，有過廳，有木廈。飛簷傾塌了，簷瓦也脫落下來，牆山挺厚，門窗挺笨，牆面上長出青色的莓苔。青苔經過腐蝕，貼在牆上，像一片片黑斑。一進馮家大院，你就聞著腐木和青苔的氣息。據說，馮家大院裏有像貓一樣大的老鼠，有一扁擔長的花蛇，把那座古老的房舍，鑽成一個洞一個洞的。院裏一把老藤蘿，纏在紅荊樹上，老藤長得挺旺盛，倒把紅荊樹給纏黃了。老藤的葉子，

又密又濃，遮得滿院子陰暗。大瓦房的窗格櫺挺窄挺密，屋子裏黑古隆冬的。但是，這樣的房子，馮老蘭卻住慣了。他就是成天價鑽在這大瓦房裏，晴天白日點起油燈，寫帳簿，打算盤。」我是在四合院裏長大的，我老是想像馮家大院是什麼樣，後來朱老忠他們沒太費勁地攻陷此院，這已是《播火記》裏的事了，有些描寫是前面未預留伏筆的「當馮貴堂帶領家丁們在村邊作戰的時候，馮老蘭早在家裏做好了準備：穿上送終的綢緞衣裳，穿上一雙緞子靴，戴上送終的緞子帽盔，紅疙瘩。把兩條子彈袋挎在身上，手裏提了盒子（槍），踩著扶梯上了屋頂。馮家大院，平時就有作戰的準備，屋簷都修上掩體和槍眼，房與房之間，修上天橋，馮老蘭從這座屋頂走到那座屋頂，查看工事。」

　　寫小說在當年竟成了招禍之事，有的作家竟為此送了命。近日因浩然逝世引發了一些並無新意的議論。我找出陳徒手的《人有病，天知否》重讀，看到了過去讀時並無注意的一段——楊毓珉告訴筆者：「回北京後，在梅蘭芳故居繼續修改《紅岩》，由徐懷中當組長，把原作者羅，楊也調來了代表江青抓戲的是部隊作家李英儒。有一天江青突然不讓搞《紅岩》，不知為什麼。後來江青透了一句：「我問了別人，渣滓洞防範得那麼嚴，能夠越獄嗎？」羅廣斌文革中整死了。再後來，江青指定改編《敵後武工隊》，也把原作者馮志調來。創作組解散後，馮志回家沒幾天也整死了。「（1998年6月19日口述）《敵後武工隊》是我非常愛讀的小說，每天不拉的聽「小說連續廣播」，許多細節記得太熟了。馮志的死是這麼死的，我才知道。

民國《大戲考》收藏記

集書的過程其實就是一個圓夢的過程，掂記了很久的一本書終於到手了，這情形太像生活中的某些場景了。最初與《大戲考》見面是在一本古舊書拍賣圖錄上，當時還不太清楚此書講的是什麼內容，完全被那張美麗的封面畫攝走了魂，世上如果真有一目永難忘這等事的話，對我而言就是這張畫了。那場拍賣會我沒參加，那本《大戲考》拍了四百元。自此，《大戲考》上了我的議事日程，開始四處留意。有一年春天在報國寺地攤，我碰到一福建人擺書攤，他的舊書比較對我的路子，便照顧了他幾份生意，閒聊中他講他老家有本《大戲考》，我問封面什麼樣，他答得含含糊糊，我就說

攝走了我心魂的《大戲考》書面。

下次你帶來，如果是我説的那張封面的話我出四百元（《大戲考》民國十八年出第一版，我要找的是民國三十六年所出第十八版的），説罷還互留了聯繫方式。福建人不可能天天在北京擺攤，一年頂多來兩回，兩回還必須是趕報國寺舉辦全國性的收藏品交流大會，大會期間人多，貨好走，除了人吃馬餵，本錢有望保住，幹這行，不容易。春去秋來，山河依舊，福建人真又來了，春天沒賣出去的貨秋天又背來了，我問他《大戲考》帶來了嗎，帶是帶了，不是我要的那本，且書品甚慘，一夏天白盼了。

再次碰到《大戲考》是幾年後在潘家園舊書大排擋，這個攤主是個半老年婦女，一攤子的舊時月色──倒都是民國出版物，女攤主比男攤主更難講價，一本施蟄存主編的《現代》雜誌敢喊三百元，她攤上的書本本金貴本本超行市，跟她理論沒用，偏偏我大索天下的那本《大戲考》她就擺著有，開價三百，就這價開得不離譜，可惜書況不佳，再喜歡的東西，我也不想湊合。我買舊書是「唯書品為上」派，品相好的我可以多出錢，品相差得再便宜我也不上手。舊書這種收藏，最講究封面，封面美醜可影響到一本書的價格的一半，書的內容占一半，更多的時候我把封面因素占到百分之八十，聽説有的搞美術設計的人會只為一紙封面畫，書買回去把封面撕下來當參考資料，書囊就隨手仍了，這種人是百分百派。

説到這，需要轉錄劉曾復先生幾段話來説明《大戲考》是怎樣要緊的一本書：「唱京劇必需有戲詞。過去京劇界，劇本、也就是戲詞，是演員的個人私有財產，別人是難以見到的。清末以來，坊間逐漸公開出版『戲考』之類的京劇劇本，但其中許多戲詞，跟舞臺演出，特別是名演員所用的詞句出入很大，因此當年要想得到臺上演員的戲詞，只能在演出現場，竭盡一切可能來記憶、抄錄，有時由於聽不清楚或沒記下來，事後常會十分懊喪。我的長輩曾對我説過：余叔岩聽譚鑫培演《轅門斬子》時，由於一句戲詞沒聽清

楚，琢磨一夜未能入睡。當年名演員礙於名望身份，又不能隨便向人請教，問也只能問真有交情的人，如果都不知道，那就絕望了。其實，譚鑫培的這句唱詞，跟賈麗川學過戲的人，例如王鳳卿、陳秀華諸位，他們都知道。譚鑫培的詞跟賈麗川一樣。余叔岩沒想到。而當時沒聽清的人，不只是余一人，陳彥衡、言菊朋、范濂泉幾位也沒聽清楚。直到1940年代，言演出、范教戲，還是用劉鴻聲的「叫焦贊和孟良小心招架」的詞，但唱腔學譚。這就是當年演員之間不交流的情景。後來陳秀華公開出版他的《轅門斬子》劇本和唱腔曲譜，「這女將賽煞神平空降下」這句戲詞才算公開。我想，余叔岩當年如有這樣的出版物，何至一夜不眠！（劉曾復「我需要戲詞——為《京劇大戲考》而作」2004年）《大戲考》，前後一共出版了二十一版，每一版都有一個共同的特點，就是「喜新厭舊」——每一版大戲考在增加新唱片戲詞的同時，又大量刪去老唱片的內容。我得到的第十八版《大戲考》有三分之一是流行歌曲，有的還譜了曲。我是戲盲，通過讀《大戲考》，我弄明白了一件事，從小聽大人們東一句西一句閒哼哼的小曲原來是戲詞，而且多是一段戲的頭一句，如「我本是臥龍崗散淡的人」（《空城計》），如「一馬離了番邦界」（《武家坡》），還有「我正在城樓觀山景」（《空城計》），最多聽的是「蘇三離了洪洞縣。將身來在大街前。未曾開言我心內慘」（《蘇三起解》），四、五歲之時家裏的保姆老唱這段，故印像深極了。

　　給《大戲考》題寫書名的是民國書家杜就田。杜就田，別署味六，山陰人。曾任上海商務印書館編輯。喜金石書畫，書宗魏碑，善篆刻，私淑於趙之謙。輯有《就田印譜》。董橋說過「小時候我在舅父書樓裏翻看過好幾迭老上海的《點石齋畫報》，老報紙《申報》出版的十日刊，連史紙石印，圖畫很多，書法好看，偶然遇見杜就田寫的八分字尤其心喜不已。先父一手何紹基行楷口碑久遠，

隸書他倒是格外推崇民初在上海商務當編輯的這位杜先生了，刻意臨摹，幾可亂真。我今年暮春托人在上海找得一幅杜先生的八分書，一九四八年臨《張君表頌》的立軸，連夜相對，舊夢依依，滿心是人琴之慟。」

繪這張美人月下吹簫圖的也是名家，叫杭稚英。杭稚英（1900-1947）字冠群，浙江海寧人。13歲考入商務印書館圖畫部，師從畫家何逸梅及一名德籍設計師。民國5年學習滿師後，又在商務印書館門市部服務4年，從事草圖設計，洽談印刷業務。民國9年離開商務印書館自立門戶，開辦稚英畫室。杭稚英善於多方面吸取新的繪畫技巧，他曾向徐詠青、鄭曼陀等學習水彩畫和炭精擦筆水彩月份牌畫的技法，又從國外商品廣告以及華脫狄斯耐的卡通片中吸收運用色彩的長處，使他的作品細膩柔和、豔麗多姿，受到客戶的普遍歡迎。他的代表作有《嬌妻愛子圖》、《吹笛仕女圖》等。稚英畫室鼎盛時期，依靠室內金雪塵、李慕白等一批畫家的配合和協作，每年能完成月份牌畫稿80餘幅。我看到這幅吹簫圖，自然會吟出唐代杜牧的名詩「青山隱隱水迢迢，秋盡江南草未凋。二十四橋明月夜，玉人何處教吹簫。」

有著這多歷史積澱的好書，不得到它怎能安心。機會終於又來了，某日在某淘寶網閒覽閒逛，忽地這幾行字跳了出來——「拍賣主題：民國十八版老唱片《大戲考》一冊品好」，我的心忽地跳急了，趕緊往下看，正是我要找的那本《大戲考》，書況也理想，六十年前的老書，不能要求十分質量了。起拍價是400元，每次加價50元，三天後結束競價。我看到的時候已有三人出價了，已是550元了，我決定先按兵不動，到最後時刻再出手，這麼操作也有一個危險——屆時你的電腦別出問題，還有就是你別給忘了，這方面的教訓我是多次犯過。這三天時不時地盯一下標的，又有幾個人出價，800元了，便宜肯定撿不上了。第三天晚十點多鍾，離結束還

幾分鐘我出價850元，馬上被900元封蓋，我出950元，對方出1,000元，我再加50元，1,050元《大戲考》歸我了。接下來的事就是與賣主聯繫交割事宜，我選擇快運（快運與快遞似乎有區別）。把書款劃到賣家指定的帳戶後，很快賣主（浙江嘉興）就來短信告之書已「快運」，並告訴我快運公司的網址讓我跟蹤快運的進程，這些都是在網上進行的。所謂「快運」，也不是朝發夕至，估計是火車而不是飛機。我繪了張「大戲考快運圖」，每天上網查大戲考到哪站了，也很有意思：嘉興－嘉興中轉站－無錫中轉站－北京－航天橋一部（此地離寒舍三里地），用時三天整。從發現這件《大戲考》到真實地從快遞員手裏接過郵包是七天的時間，而距離初識《大戲考》，已是十多年的光陰。一書之得，其難有如《大戲考》者乎。

《宇宙風乙刊》之舊題記

創刊號是複印件，重新裝釘時在勒口處留了一段字「前日於國林風購《宇宙風》薈編有周黎庵作前言頗有感悟斯言應不要忘記《宇宙風乙刊》今夜於老虎尾巴翻出此尤物雖（雜）有複印也不計較了將於祥雲餐廳（所）拆合釘本後所糊之紙拆去重新裝池有（暇）時之後定將著文將此刊披露於世如周黎庵看之（亦）也屬心心相印矣九九年十二月二十九日夜十二時其章記」另有一段話寫在原合釘本的白紙「一九九零冬春之際購於中國書店大院其時架上有兩部現仍存一部未售出後來四月二十六日我又購得單本幾十冊《宇宙風》京城萬千人同好者何誰1990年8月30日風兼雨燈下」。

《宇宙風乙刊》，封面為柳如是小像。

乙刊原合訂四冊購價六百元，查搜書記1990年2月26日購，打了九折有定價簽貼於某期封底後。拆散只留25-36期合訂本一冊。念購時情景猶歷歷在目，也蓋此物為余購舊刊史最早入藏者，尤難以忘懷同時購入者《人間世》，現狀與乙刊同樣，乙刊明日將移作吳君藏品離吾而去，永不得見，故不能不留幾句話耳。

乙刊原件為2-24，25-31（均缺書面），36-40，46，50，51，複印件為1，32-35，41-45，47-49，52-56（注52與53合期）合為原件38期，複印18期共56期也。第50期舊藏為「國內航空版」書衣為紅字，用紙為土紙，封二三底均與正版有異，出版日期為「三十年十月一日」正版為「八月十六日」。航空版封三啟事云「茲因郵遞不通，本志無法內運，特委重慶羅辦臣琴行代理發行，以後一切定閱及批發，請向該行直接辦理為荷，特此奉告。上海宇宙風社啟」（余舊存僅此一期為航空版，另31期紙亦很差，封面亦異於他期，但因缺版權頁，不詳其故。）。

當時讀乙刊先注意的是馬文珍的詩並留有這樣的話「馬文珍著名（應改為我喜歡）的兩首小詩（《寄內》）刊此期（12期）詩是時今最不受歡迎的文學愚之民也一九九七年九月八日將馬詩抄收突然想到《北望集》即馬文珍所著（即）從書堆中尋出放置了一年多今可供案也又及」。

還注意的是黃裳舊作黃於乙刊作文用宛宛趙令儀筆名余初疑玄裳者亦黃筆名後多方考查推翻此疑此乃全讀書少有的細心的一次如記於46期之「天氣預報今天霧轉多雲傍晚有雨恰讀黃裳之霧篇前文屬玄裳也疑黃裳作一九九七年九月八日上午」如「黃裳之玄裳必是名必也正名乎」。

鄙人舊有一惡習於書頁隨意留字，腦子想到哪即塗到哪，於乙刊塗有如「89年初幹會計購一永生（鋼）筆極佳今年失卻復購（焉）能比得舊物？」，如「昨夜拆除柏林牆今日又（我）拆宇宙風極力

（端）反（感）對合釘本舊書穿新衣極不悅目也拆之決不痛惜也其章
4月3日」，如「此筆比不上那枝舊物手感特（殊）敏感也」如「一
冊舊刊在手消除一切苦悶心情良藥也」，如「宇宙風人間世亦屬字
大行稀之刊物了」，如「一生用一枝好筆丟落在什麼地方了8月22
日都不曾失卻」，如「不習外文不讀外國刊物少知人間多少大手筆
也」，如「一卷如何能破睡除非紀夢是紅樓」，如「一言不和終生
不交非寬宏大量人也曹聚仁君」，如「宇宙風作者流逝於國外者不
在少數錢歌川一（例）也」，如「原件彌珍貴影印可補全」，如「夜
深人靜讀偵破小說我之興趣又開始轉移到偵探小說上了嗎」，如
「我正納悶程小青的江郎之才何以不絕」別也余之乙刊雖不復在吾
齋但必存宇宙間耳二〇〇七年二月二日夜十一時其章記。

《談風》雜誌裝訂小記

此冊《談風》原為賈老伯舊藏。全份二十期現存十八期，缺第七，第十三期，另有數期失落封面，尤以創刊號及終刊號（即第二十期「消夏錄專號」）的缺少書衣最為可歎。原書由賈老伯手工分裝成三冊，技術不佳，有礙觀瞻。今於航太橋畔一打字複印店重裝此刊，十八期合三為一，裝成一大冊，店裏工人熱情比之國有工人強甚，且價格抵廉裝此一大冊僅收八元，曉霞照相店龔老闆前告我二、三十元也，若此八元可將舊刊大批付予重裝耳。裝訂工序就在我眼前進行，每冊雜誌的騎馬釘須清除乾淨，不能留一小點，否則傷刀也。幾乎將舊刊拆成散頁，

《談風》書面，用的是周作人文稿手跡。

下回記住了，我自己在家先行拆好，工程就快得多。兩小夥邊拆邊問我這書是啥時候的，我說是民國二十六年的，一小夥子說那就是清朝的東西了。拆完上機一逤一逤先切書脊，切畢墩齊，上上膠機，唰唰走兩過，噢，這就是常說的印刷術語「膠訂」了。我已選好外封的紙，並要求前後加扉頁，小夥也照辦了，可還是問我「扉頁」有啥用。上外封之時我又要求把長的一段別切掉往回搨，這叫「勒口」，小夥又照辦不誤。最後上機切齊天頭地角及書口，大功告成。交一張大團結找回二塊差點不讓找當小費了。裝訂畢，愉快出門，新的《談風》在手，似乎對裏面的文字也喜歡讀上幾段了。工欲善其事，必先利其器，可是，還不能完全放任由工人作，今天如果我不在一旁，頁碼次序有可能「天下大亂」，還有就是少了扉頁與勒口，也不好看。《談風》距今七十年，周作人題寫刊名，裏面各欄目字頭也是他寫的，其子周豐一在此刊亦發表小品文，屬名「伯上」，這個文壇小掌故，沒人說過。二〇〇六年五月十八日凌晨候歐冠決賽時記。

老樹閱人多

1949年，徐悲鴻為黃萍蓀主辦的雜誌《四十年來之北京》畫了封面，這幅〈古樹圖〉是舊作，字是新題的，是專為《四十年來之北京》題的：

1932冬吾遊北平寫此翌
年在巴黎展覽會為法國
國立外國美術博物館購
藏北京為世界古樹最多
之都會尤多遼金元明以
來之古柏盤根錯節蒼翠
彌天斧斤所赦歷劫不磨
自恨無此健筆盡其奇觀
也一月十三日悲鴻

北京為古樹最多之大都市，有一段時間我卻未能背靠

徐悲鴻《古樹圖》。

大樹好乘涼，回想起當年下鄉插隊時的一則日記：一九七四年五月七日，多雲間晴，連著淄了三天糞，生活又趨艱苦了，連鹹菜也吃完了。淄糞的地頭正是一片遮天蔽日大樹下的墳圈子，休息的時候我躺在墳頭，頭上枯枝新榮，嫩枝稀疏透著藍天，叫不出名的小鳥在枝頭叫著躍著，不時有細小的鳥糞滴落在衣服上，並不令人生厭，反而有別具一格的野趣。但是我極為難受，我想到和身下的那位死鬼究竟還有什麼樣的區別？……「你望著這片大地，既沒有真正的幸福，也沒有永久的美麗。」（俄國詩人）

北京的古樹，只合懷古之幽思，插隊鄉下的大樹，卻令我刻骨銘心地記憶，啊，那三十幾年前的大樹下的墳圈子。

生活安定之後，有閒心看看大樹老樹，還有古樹。我原先住過三十多年的院子裏，有一株遮蓋了整個院落的棗樹，而在一張老照片上我看到這棗樹三十年前是那麼細小，就像小孩當馬騎的竹杆，我明白了許多大樹其實它的年齡並不老，有的樹長得快有的樹長得慢，像現在新辟的馬路兩旁栽的梧桐，種時就是一根長棍，不出五年，即亭亭如蓋也。

還有一景，可以看到老樹（還算不上古樹）。北京胡同大拆之後，許多深藏在古老院落裏的老樹即失去屏障，裸露在房地產商的眼前，礙事的老樹格砍無論，不太礙事的或碰上了有點兒人文景觀意識的官商，某些老樹得以倖存，它們像哨兵似的戳在某條新大街（新大樓）當不當正不正的位置，任憑車水馬龍在身邊流淌，偶爾會有人站在老樹下對人說，這樹曾在我家院裏。

我有兩本《詩人玉屑》，一本比另一本品相稍好，讀到〈象外句〉一節，有云「聽雨寒更盡，開門落葉深。」自以為明白，說的是風吹樹葉落，那聲音很像下雨。還明白不能在高樓聽雨，開門樓梯深；還明白不能是別的樹，得是楊柏一類，棗樹恐不成。周作人在苦雨齋與人聊天，老被樹騙，「怕是下雨了罷」，我壞我想，

這可能是老周送客的話，客人是俞平伯一類的老實人，真當詩話聽了。很小的時候有個印象記的很深，很晚的一天，開著門睡覺，起風了，刮得落葉一團一團地在院地上轉，床離門很近，我就那麼近的看著樹葉瑟瑟地轉，感覺秋到人間的意思，只此一晚。

平日讀書讀報也留意有關老樹的章節，終於看到報上介紹說有本日本人阿南史代寫的《樹之聲》有賣，書名好，封面看著亦好──一棵大樹的枝幹充滿畫面，此書還有一副名：北京的古樹名木，那就更得先睹為快了。急急趕到圖書品種號稱最全最多的西單圖書大廈，書是馬上就找到了，卻是外文版的，頓感失望與不解。過了好久，才於另一家書店買到中文版，看來買書在首都亦非手到擒來之事。

《樹之聲》，大開本，道林紙印，彩圖，很沉的一本書。作者阿南史代是位女士，八十年代以來在北京斷續生活了十一年，她遍訪北京的老樹古樹──重點在古樹，她替我們統計出：在整個北京地區，現存樹齡超過三百年的古樹為六千多株，這六千多株古樹分屬29個樹種，樹齡最長者為雁棲湖畔的一棵古槐，約一千五百歲。阿南史代做的這些勘查，我們的同志也可能做過，但不如她持久，不如她個人化，還有一個不如就是未能成就像《樹之聲》這樣的一本書。《樹之聲》也有許多不如我意的地方，我原以為此書是一種考據加遊記式的寫法，而現在書的版式太像一冊旅遊指南了──東城區，西城區，宣武區，崇文區，石景山區，死板的行政劃分照搬到目錄上。圖片的問題，一本書解決不了──又要多又要大，此書圖片不少了，然而小圖和局部圖占了大多數（我讀的時候一隻手老是得拿著放大鏡），真正能展示古樹風貌的能勾人發懷古之幽思的圖片太少，當然這也許有些苛求，一本書畢竟起不到一本畫冊的作用。

我住家一箭之遙的地方有一座矗立了四百多年的古塔，老百姓叫它玲瓏塔，正名叫「永安萬壽塔」，始建於明萬曆四年（1576

年），據說是萬曆皇帝為慶賀其母親60歲壽辰而建。此塔建後200年美國才建國（1776年），擱美國玲瓏塔該算「史前文明」了。塔旁原圍有慈壽寺，寺廢於清光緒年間，唯餘孤塔鶴然聳立。玲瓏塔的南面是一片非常雜亂破爛的民房，沒想到阿南史代尋訪古樹的足跡也到了這裏，她說有兩棵五百年的銀杏就藏匿在這片民房裏，而且還考證出這兩棵銀杏的位置就是慈壽寺當年的入口處。我到玲瓏塔散步不知有幾百回了，卻從未注意到這兩棵古樹，看過阿南史代的照片以後，哪天我按圖索驥地去看看這比古塔還古的古樹。讀過此書的人都有可能在書裏找到近在身旁的卻渾然不覺的古樹，這種親切感，是讀其他書所不具備的。

　　寫完此文之後，突然有機會回到離開了三十多年的插隊之地。匆匆上路，三十多小時之後我真真地到了村裏，我打聽到那溜糞時歇息的墳圈子還在，村民給我指路，啊，那一片遮天蔽日的大樹還在，我和同伴穿過收割後的莊稼地，來到墳圈子，荒草淒淒，樹聲颯颯，我不是來憑弔孤墳野鬼，我是傷心我的青春。

二〇〇八年十月九日下午攝於原插隊時村子的古墳圈。

值得寫成一本書的《雜誌》

上海淪陷時期（1941-45）所出文學刊物，約有四，五十種之多，各家來路各有背景，殊難摸準脈絡弄清內幕，當然也有一「簡易」之辨別方法，只管看上面登什麼人的文章，如《古今》雜誌（1942-44，朱樸主編，出57期）上觸目驚心汪精衛，周佛海，陳公博的文章，封面上又多是汪兆銘（汪精衛）的書法，那麼，《古今》背景「不乾淨」是推不掉的。淪陷區文學史研究者稱此類刊物為「與日偽有染」。其定義是：「主要指其出版經費得到日偽直接資助或其刊物內容積極為日偽統治張目與粉飾，得到日偽支持或其主辦人為和平文學運動積極分子者。」（陳青生《抗戰時期的上海文學》第361

《雜誌》書面。

頁）在這個定義下被點到名的刊物有：《古今》、《雜誌》、《風雨談》、《萬歲》、《文友》、《文協》、《天地》、《文藝世紀》、《詩領土》、《文帖》等。陳青生先生又將「所謂與日偽無染的文學期刊」定義為「主要指與日偽沒有政治和經濟牽連的中國出版機構或作家所出版，主編的雜誌。」這一類「出淤泥而不染」的刊物大致有：《小說月報》、《萬象》、《碧流》、《文潮》、《新地》、《文藝春秋》等。系統地，審慎地，實事求是地研究評判淪陷時期文學的學術工作在上世紀九十年代取得了突破性的成功，使得幾十年來一直被視為「禁區」的淪陷時期文學研究，成為出成果最突出的現代文學史研究的一個分支版塊。取得成果的基礎，首先是對淪陷區文學刊物的摸底排查，逐一作出了較為客觀較為準確的政治定性（定位），為進一步的文學理淪探索，夯實了史料層面。在不可數計的大小成果中，撥開罩在《雜誌》（1942-45）頭上的迷霧，還其本來面目，應該算得上是一個不小的成果。

我這裏說的《雜誌》，是第二度復刊後的《雜誌》，復刊後的180度轉彎迷惑了研究者，如果只查期刊目錄未見實物（原版期刊），肯定會與這麼「好」的一本雜誌擦肩而錯過。如果你只是看到了這樣的介紹（《中國報刊辭典（1815-1949）》，1992年，書海出版社）：

雜誌——1938年5月10日在上海創刊。呂懷成主編。主要內容為國際形勢的報導和分析。曾詳細論述了西方英美法與德意之間的複雜關係和中日兩國的政治，經濟，軍事，教育，文化，外交等方面的情況。對八年抗戰中的歷次重大戰役有較詳實的報導，歌頌了中國軍民英勇鬥爭，在國統區頗有影響。初為半月刊，1942年8月第9卷第5期起改為月刊，1945年出至第15卷第5期後停刊。藏北京圖書館等處。

你應該有如下的疑問：這不是一本「在國統區頗有影響」──「對八年抗戰中的歷次重大戰役有較詳實的報導」的雜誌嗎？

上面的著錄，其實只是介紹了復刊前的《雜誌》，對復刊後的《雜誌》內容一點也沒透露，屬於「嚴重失實」的著錄，「1942年8月」以後的上海是淪陷的上海，如何報導和歌頌「中國軍民英勇鬥爭」？

《雜誌》1938年5月創刊後，內容因具鮮明的反日傾向，兩度被租界當局勒令停刊。1942年8月復刊，辦刊方針180度轉彎──不談政治，只談文藝；到後階段幾乎連裝點門面的「政治」一點點也不擺了，百分之百的純文藝刊物。

為什麼會有大方向的掉頭？局勢使然。

據九十年代的研究結論，復刊後的《雜誌》實際上是由「地下黨工作者」所掌控，從社長，主編，到編輯，記者的主幹力量「均為中共地下黨員，是一批打入日偽內部從事特殊工作的抗日愛國志士。」（《抗戰時期的上海文學》第221頁）至於這些地下工作者執行的是什麼「特殊工作」，有什麼具體的資料可佐證，那也許屬於檔案級的機密。文化戰線的秘密工作不好以「量化」來評估它的成績。只見到一條具體的從上面傳達下來的指示的實例，從那裏也許我們稍稍揣摸到當年鬥爭的複雜性──「筆者由此走訪了王元化同志，經他證實，《萬人小說》月刊的確是黨組織領導下的一個比較隱蔽的文學陣地，由地下黨員蕭岱負責籌辦，具體事務則通過樊剛經辦。樊出面聯繫了幾位肯為抗日救亡事業出力的朋友，分頭籌措資金以及辦理登記手續，將刊物共同創辦起來。當時正值『皖南事變』後，黨中央和周恩來同志指示上海地下黨的工作是『隱蔽精幹，長期隱伏，積蓄力量，以待時機。』對文藝工作則強調不動聲色的鬥爭方式，力避在創作中拖光明尾巴的傾向，文藝宣傳『大眾化』，經營管理『事業化』。《萬人小說》月刊就是根據這個精神

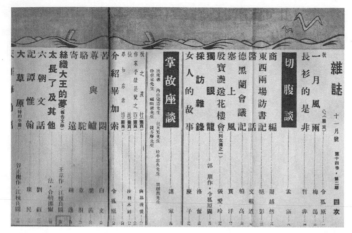

《雜誌》折式目錄頁。

籌辦的。」（吳初六「《萬人小說》瑣談」，載《上海「孤島」文學回憶錄》）

從《萬人小說》的隱伏抗爭方式，我們可以推測到《雜誌》也執行的是同樣的指示精神，所以，它的180度轉彎也在情理之中了。尤其是當我們認識到《雜誌》辦得何等精采時，不由得讚歎那些文化鬥士們高超的鬥爭藝術，在那麼錯綜複雜的環境中，留給我們一份「《雜誌》——日據時期上海文藝的大觀園」（古蒼梧《今生此時今世此地——張愛玲，蘇青，胡蘭成的上海》樣式的刊物。）

1941年12月9日夜，侵滬日軍進佔「孤島」，上海全面淪陷，文藝刊物紛紛停辦，繼續出版的僅有《小說月報》、《萬象》、《樂觀》等幾種。1942年，全年也不過只有十來種新創刊的雜誌，《古今》三月出刊，《萬象十日刊》五月創刊，上海的文化界從未如此冷清過，此時，《雜誌》復刊了。它的外觀與從前一樣沒變，兩個特大的美術體「雜誌」非常醒目，幾篇要目印在封面右下角，這個樣式到終刊一以貫之，稍有特殊的是「復刊號」三字像蓋圖章似的蓋在封面上，我還見過再版的《雜誌》把「再版本」三字像這樣印在封面。

　　《雜誌》的外觀尺寸為：21公分高，14.5公分寬，每期近二百頁，像一本32開的圖書。鄭逸梅先生在《書報話舊》中講到淪陷時期上海流行三種樣式的雜誌，一是《古今》型（16開），一是《萬象》型（方型小開本），另一即是《雜誌》型。除了各具不同的外觀，這三本雜誌亦代表了三種不同的辦刊背景與辦刊風格，均為典型性刊物，均值得往深裏鑽。筆者早有意圖把復刊之後的《雜誌》（共出37期，至1945年8月終刊）寫成一本小冊子，邊邊角角都寫到，盡可能地把《雜誌》的全貌顯現出來，設想到的小題目有六、七十個之多。

　　現有的資料綜合顯示，《雜誌》的班子組成有以下主要人員：袁殊（君匋），魯風（羅鋒，劉慕清），吳誠之（哲非），吳江楓，范菊高，惲逸群，邱韻鐸（石木），堯洛川，彭啟一，汪馥泉。這些人中，袁殊等幾個人的個人生平材料比較豐富也比較完整，其他人的材料就非常欠缺，甚至於一無所知。現就手邊零星資料湊出幾個人的「簡歷」，實在找不到資料的只好暫付闕如。

　　雜誌社社長先後由袁殊，惲逸群，魯風擔任。

　　《雜誌》編者署名一直是吳誠之，文藝稿件由吳江楓主持，范菊高協助。

　　有雜誌社記者身份的有：堯洛川，王予，朱慕松。

　　已明確是中共地下黨員身份的是：袁殊，魯風，惲逸群，吳誠之。

　　袁殊──（1910-）又名袁學易，湖北蘄春人。筆名天猿，殊君居士，君匋。早年曾在上海狂飆社出版部當小夥計，後擔任過國民黨的報紙副刊編輯。1931年創辦《文藝新聞》雜誌。後參加左聯和中國共產黨。抗戰後，奉命打入敵偽內部，與惲逸群等建立秘密地下黨組織，由潘漢年直接領導，在敵佔區創辦了《新中國報》、《雜誌》，街燈書報社及新中國新聞學院。公開的偽職是江蘇省教育廳

廳長，汪偽國民黨中央執委會委員及宣傳部長。抗戰勝利後，奉命轉移到革命根據地。解放後在中國人民解放軍某部工作。

惲逸群——（1905-1978）江蘇武進縣人。筆名翊勳，亭長，葉群，劉洪（《雜誌》連載《杜月笙論》時署名）。第一次國共合作時期曾參加國民黨。1926年加入中國共產黨，1928年起，先後擔任江蘇武進，宜興，浙江蕭山縣委書記。1942年初，奉潘漢年之命返回上海打入日本特務機關，進行隱蔽鬥爭。抗戰勝利後撤至華中解放區，任新華社華中總分社和《新華日報》華中版社長和總編，華東局代理宣傳部部長。上海解放後，任《解放日報》社社長，華東新聞局局長。1953年調北京任新華辭書社副主任。著有《外蒙問題的考察》，《惲逸群文集》。

魯風——原名劉祖澄，上海淪陷時期化名羅烽，劉慕清。中共黨員。淪陷時期他協助袁殊從事地下抗日工作。1942年5月他因患精神病住院治療，1943年1月病癒出院，他用紀實手法，將自己這次住院治療八個月的經歷，感受寫成14萬字的長篇報告文學，《瘋狂八月記》，在《雜誌》連載12期，引起較大的影響，馬上出版了單行本。解放初期曾任上海公安局局長楊帆的主任秘書。

吳誠之（生平不詳），常用筆名「哲非」，戰前曾留學日本，通曉日，英，法文，上海「孤島」初期是夏衍主持的《每日譯報》的骨幹之一。上海淪陷後隨袁殊從事秘密地下工作，並出任《雜誌》主編。抗戰勝利後又與袁殊一起撤往蘇北加入新四軍工作。

吳江楓是雜誌社的重要人物，卻沒有一點資料見諸紙端，不可思議。朱慕松有報導與詩作在《雜誌》發表，沒有生平資料，范菊高的名字在《雜誌》中沒見過，只是後來的資料提到此人協助吳江楓組稿。

堯洛川（生平不詳），《雜誌》社的青年記者，最初採寫文化報導和通訊，後來發表小說，散文和文藝評論。他的報告文學在當

時很有影響，如〈吃跳舞飯的人〉、〈賭場〉、〈大飯店之夜〉、〈回力球〉、〈嚮導姑娘〉、〈街頭女〉、〈國際歡樂街〉、〈按摩院〉等，1944年10月雜誌社出版了他的《報告文學集》。堯洛川的身體狀況很差，據說抗戰勝利後不久病逝於上海。

邱韻鐸（1907-1991）上海人，文學活動開始於二十年代，是創造社成員，也是「左翼作家聯盟」成員。「孤島」時期，用「黃峰」化名參加抗日愛國文學活動。後奉派加入袁殊主持的《新中國報》從事秘密地下抗日活動。上海淪陷後，常用筆名「石木」、「曉夫」、「洪波」，創作有《黃梅青》、《風燈》、《芒芒的海》三部長部小說，《黃梅青》由「雜誌社」出版單行本。

汪馥泉（1898-1959），浙江餘杭人。早年在《中華雜誌》、《甲寅》、《戊午雜誌》、《晨報副刊》等寫文章，譯著有《比較憲法綱要》、《國際公法論》。1927年在印尼任《南洋日報》編輯。1928-1930年間任上海大江書鋪經理。是國民黨CC系十大教授之一。1940年化名汪正禾與惲逸群等一同打入敵偽《新中國報》，被誤認為「文化漢奸」。後在中共浙江省委工作。

《藝文雜誌》之「日記抄」

日記為最私人化最自由化的寫作體裁，喜歡讀日記的人很多。前人的日記，除非特別著名者，如李慈銘的《越縵堂日記》、魯迅的日記能夠結集出版，一般人的日記極少能夠整部頭的流傳下來，更不要說出書了。如再想多讀一些舊人日記只能往老雜誌中去找。古舊雜誌所載日記儘管只是殘年斷月、一鱗半爪，到底經過歲月沖刷，讀來仍饒有興味。

如1944年11月《萬象》雜誌首篇即唐弢《帝城十日》日記，記敘了當年為搶救保護魯迅藏書而於北平四處奔走的情景——「西三條的住宅，為魯迅先生生前（1923年）所購置，經過一番改造和修葺，於1924年5

《藝文雜誌》書面。

月遷入的。我們到了門前，已是黃昏時候，經××先生介紹後，我就把在滬家屬和友好的意見，代為傳達，朱女士當即同意。賣書之議，已完全打消。一代文豪遺物，仍由其家屬共同保管，必可避免散佚。」

另如1944年12月《語林》雜誌連載文載道的《伸腳錄》日記，1944年1月23日記：「晴爽夜風，星期三。得知堂『破門聲明』之明片，此事萌蘗已久，終有此次決裂，即局外人亦至為可惜也……」1944年4月22日記：「晨赴《古今》，闃無一人，因黎庵今日在喬遷也。往訪雨生，為出版風土小記事……」都從中可知當年文人事。

《藝文雜誌》創辦於1943年7月，是淪陷時期北平的重要文學期刊，出至1945年5月停。《藝文》刊有周作人的〈苦口甘口〉、文載道〈斗室微吟〉、謝興堯〈賊與『賊書』〉、傅惜華的〈中國古代笑話集〉、趙蔭棠的〈窮之賞味〉、鄭騫的〈論詞衰於明曲衰於清〉、紀果庵〈南方草木狀〉、傅芸子〈從宛平署雜記見明代的京俗片影〉、錢稻孫譯的〈伊勢物語〉、俞平伯的〈古槐隨筆〉、王古魯的〈小說瑣起〉、孫楷第的〈說連廂〉、謝剛主的〈寒夜偶記〉、顧隨的〈禪與詩〉、梅娘的〈佐藤太太〉。《藝文雜誌》刊有二部日記，一為署名「螺君」之《日記摘抄》，一為蘇民生之《北河沿日記》，記事記人記時俗皆極詳盡生動，讀得入神時，真有如魯迅日記所言「殊無換歲之感」（1917年正月22日）。

「螺君」未能查出是何人筆名，從日記中看也是文壇中「往來無白丁，談笑有鴻儒」的飽學之士。此君日記多記讀書、買書、交往、傷逝、褒貶時人。不妨多摘幾則。

記交往──「晚間錢鍾書君來訪，議論風生，多真知灼見。論文學史，分『重要』與『美』兩種看法，二者往往為文學史作者所纏夾不清，其說極是……（1932・12・6）「錢君送來『秋懷』詩

十首，清麗可誦。」（1932‧12‧6）「柳亞子先生陸續寄來《文藝雜誌》四期，已大略閱過。此刊物為柳無忌羅鎧嵐幾位青年文人所辦，皆尚留美未歸。」（1932‧11‧15）「在吳公處晚餐，晤盛成君，盛君精神煥發，談鋒甚健，述及法國文壇近狀，滔滔不絕。」（1932‧12‧16）「大公報文學副刊轉來張恨水君來信，文甚長，多牢騷語，蓋不滿意時人對其小說之批評也。」（1932‧1‧15）「午後赴歐美同學會訪徐霞村君，閒談。徐君昔為上海震旦大學學生，後嘗遊歐，多才善文，尤喜治南歐文學，舉止談吐亦頗活潑。惟其本人之來歷，向不洩漏，故知者甚鮮，去秋與鄭西諦君談起，渠亦不知底細。」（1932‧2‧7）「昨日徐霞村君與吳忠華女士結婚，余僅送禮，未暇往賀。今晚Ｐ公來訪，據云主婚人為胡適之先生，致辭頗詼諧，謂徐君求婚之事共有37次，以往皆慘敗，此次終得成功，正合胡先生『自古成功在嘗試』之努力主義云云。」（1932‧5‧10）

記傷逝——「前日報載許地山先生（落華生）在香港逝世，今日又載印度詩人泰戈爾於昨日逝世，享年八十。許君之文章與泰氏之詩歌，在余腦中皆未留下何等印象，惟回憶泰戈爾來遊北平時，曾有一陣熱鬧，而翩翩徐志摩，盈盈林徽音，穿插其間，更有花葉扶襯之雅，今已風流雲散矣。」（1940‧8‧8）「報載張季鸞先生在渝逝世，年五十四。昔年主持大公報，以善作社論為人所稱，同時益世報之羅隆基與晨報之陳淵泉雖亦時發明論，而終不如張氏之穩健而切要。」（1940‧9‧9）

論褒貶——「報載羅振玉於上月29日在旅順逝世。鄭孝胥死後，人多紀念其字，羅之可紀念者似應有多事，而余惟不忘其字。其書籍題跋小字頗有小米稀飯之意味。而鄭之氣派則正西貢大米稀飯也。徐志摩林語堂學鄭均有神似處，未聞有學羅者。康有為粵人也，其字亦有似羅漢齋，使人有雞毛蒜皮之感。梁任公談書法，最忌學李北海，而其作品則彷彿菜市上之胡蘿蔔攤，誠去北海遠矣。

葉譽虎之字好像徐娘半老，個個都患腰疼，有不得勁兒之勁，其
侄公超學之，亦神似。孫逸仙胡展堂皆可由字中想像其性格，惟汪
精衛之字令人莫名其妙，斯人也而有斯字也。研究系諸公都有幾筆
字，林長民其一也。畫家之字多不俗，孫福熙其一也，林琴南固無
論矣。吳昌碩與齊白石，枯藤敗草，俱得其意境，下至凌直之，斯
矣不足觀也矣。新文人大半不善毛筆字，郁達夫郭沫若一團破爛，
邵洵美之敞領，沈雁冰之分頭，皆各為其字之象徵。如施蟄存之老
練，沈從文之瀟灑，豐子愷之字畫合流，皆可觀也。」（1940·7·
21）「下午訪楊丙辰先生，談鋒尤不減昔日，話及今日中國文學之
這般那樣，頗多中肯處。如謂郭沫若之翻譯，固不免有錯誤，然其
文章中卻有一股子勁兒，此勁兒即其長處云云。惟稱許多文人為
『二百五』，其語殊趣。」（1939·6·3）

　　「螺君」與鄭振鐸交誼甚厚，1932年4月20日記：「下午，應
鄭西諦君約，與友人至其寓宅觀書（西郊成府林吉祥胡同）。久聞鄭君
居滬時，已收藏甚富，多為文學珍本秘笈，今日一見，果然話不虛
傳，真是滿目琳琅，美不勝收，尤以詞曲小說一類之善本為最多。
有新購藏經一部（北藏）有數百卷，皆折本，據云係某道院之物，
轉入私家收藏，鄭以五百元得之，可謂極廉。又隨手翻閱數種，一
為洪思之嬋娟雜劇，每折歌一女子，即謝道韞衛茂漪李易安管仲姬
是，末附隨園詩話數則，此書嘗聞其名而未見過。二為新刊奇見異
聞掌故叢脞一卷，建安雷燮撰，書林梅軒刊（元刻），文章與剪燈
新語筆調略同，三為第八才子花箋記，亦皆近日罕見之物也。其他
未嘗聞名之孤本珍籍尚多，未暇一一細閱。鄭君有此寶藏，津津述
說，頗形得意，臨別食炒麵一盤，佐以福建醬油，味殊美。」

　　《北河沿日記》為蘇民生所記。蘇為美術史家，曾任教北京師
範大學、北平女子師院、國立北平藝專、燕京大學、輔仁大學。日
記刊出前置幾句話──「余與北河沿特別有緣。初來北京，每日必

到東華門北河沿上課。越二年則移寓於阜外之北河沿。今又卜居東板橋之北河沿矣。豈不妙哉。因作北河沿日記。」蘇民生日記與「螺君」日記截然不同，多記北京風俗、日常生活剪影，饒有趣味。照錄幾則——

「早起整理舊畫，旋劉君來訪，一同步行至什剎海邊烤肉季。途中寒風撲面，稍一言語，口腔即化為冰冷。烤肉季地僻屋小，幸今日客人稀少，可從容咀嚼。吃烤肉之妙味在乎立食於土地上，數人圍繞柴火，自行治菜，治食，有親炙之樂。」——「午後到西四候車往新民印書館。立牌樓下，仰觀透雕木刻之欄間，花紋為三巴紋。其他部分之彩塗花紋為方格，每格內有花如野菊、，疑從波斯傳來者。」——「偽畫以人工熏黑者，須在日光下鑒別之。畫地雖係舊材料而筆跡浮淺，色彩糊塗則一目了然也。」——「步行往石雀胡同訪友人、中經交道口南文丞相祠前，見西鄰大興府文廟破舊不堪，大門敞開，門內鋪滿

《藝文雜誌》書面。

煤球。」——「大雨如注，俟其少駐，乃全付雨裝外出。在廠甸買乾嘉時代仕女畫一幅，為烹茗圖。描寫烹茗器具及獻茗情形頗為詳細。」燕城遺跡，春明舊習，日記中都有描畫，然彼情彼景離現在真是非常遙遠了。

附注：拙文刊出數年後，我在網路上無意中搜到一篇文章，作者是徐霞村的女兒，這篇文章能説明搜羅舊雜誌並把資料寫出來是很有意思的事情，特轉錄在下面：

1999年12月22日《中華讀書報》的「人文縱橫」專欄上，有一篇謝其章的文章，題為〈《藝文雜誌》的「日記抄」〉。其中有二則與我父親、與我父母的婚禮有關的記載，而且牽涉到當時的一位文化名人胡適先生，於是覺得這椿舊事值得一提。

《藝文雜誌》是1943年7月到1945年5月北京的一份重要文學期刊，曾刊過兩部日記，其一為螺君的「日記摘抄」。從其「記交往」的幾則日記裏，可看出他與之交往的都是當時文化界有一定身份的人，如錢鍾書、柳亞子、張恨水、鄭振鐸等，其中包括與我父親徐霞村（徐元度）的交往。

其一：

「午後赴歐美同學會訪徐霞村君，閒談。徐君昔為上海震旦大學學生，後嘗遊歐，多才善文，尤喜冶南歐文學，舉止談吐亦頗活潑……」（1932‧2‧7）（說明：父親當時住在歐美同學會。他原是北京中國大學的學生，曾留學法國。於28年至30年在上海時，是「水沫社」的成員，並是水沫書店所辦的《新文藝》的四個編委——施蟄存、徐霞村、劉吶鷗、戴望舒——之一，其他幾位都是震旦的，易使人認為他也是震旦的。）

其二：

「昨日徐霞村君與吳忠華女士結婚，余僅送禮，未暇往賀。今晚P公來訪，據云主婚人為胡適之先生，致辭頗詼諧，謂徐君求婚之事共有37次，以往皆慘敗，此次終得成功，正合胡先生『自古成功在嘗試』之努力主義云云。」（1932・5・10）

我父母的婚禮的確是1932年5月9日在北京歐美同學會禮堂舉行的，我也聽母親說過是由胡適先生主婚的。當時雙方都已無家長，於是由父親的好友北大圖書館館長毛子水先生出面，為他請了胡適先生來主婚。這也是順理成章的事，因為父親此時正在胡適先生主持的中華教育基金會編譯委員會工作——他正在譯那部後來廣受讀者歡迎的《魯濱遜漂遊記》。胡適當年還是挺有名氣的，當過北大的教授、校長，在「五四「運動前後，提倡白話文，對新文學運動是有貢獻的。

說父親向母親求過37次婚，看來的確是胡先生的詼諧，不過，如果說求過數次婚，我想那還是有些可能的，因為母親當年不是那麼好求的！她是一位名門閨秀，我的外祖父是辛亥革命先烈——被孫中山先生譽為「蓋世之傑」的吳祿貞大將軍。她本人又可稱得上是才貌雙全：畢業於有名的北京女師大，當時是北京兒童救濟院的院長；長得端莊秀麗，氣度不凡。

從母親口中，我曾斷斷續續聽到點兒他們的戀愛故事。父親追她還真是符合胡先生的「努力主義」的，他不斷用言、行表達自己的愛慕之情。他第一次在歐美同學會的舞會上見到她時，就一見傾心了，不斷請她跳舞！舞會結束時，他不僅送她到大門外，而且還殷情地為她雇好計程車。由於電話述衷情不斷，連他的同事、朋友，都能背出她的電話號

碼。一次，兩位朋友各持己見，認為自己記的號碼對，於是請父親做「仲裁」。他告訴他們：「你們記得都對：一個是她辦公室的電話號碼，另一個是她家中的。」

一次相約在北海，而她負約了，第二天她收到了一封特別的情書──信紙上是用北海的沙子粘成的一顆心，下面只有一句話：「人在北海，心在你那兒！」她的芳心終於被他打動了！在兩人的戀愛關係比較明確後，他就不顧二人住處相隔較遠，幾乎是每晚必去看她。

他們的婚姻據說還是有些阻力的，母親的親友不大贊成她嫁給父親：一是父親有肺結核病（那時人們視此病幾乎如今日視癌症）；二是從門第來說，也有些不相配：吳家是大將軍府，而徐家已衰落，我祖父只是個北伐時期的小軍醫，曾祖徐勝倒是曾留過日，也有一定的地位。其實，還有一個不利的條件──他比她小三歲（據說一般女性都喜歡找比自己略大幾歲的對象，是因女性容顏易老）。可他瞞過了她，說二人同齡。母親是個有主見的人，她在家中排行老大，從小就是外祖母的得力助手，能當半個家！在自己的婚姻問題上，當然更是自己說了算（此時外祖母已故）。

總之，父親的第「37」次求婚，成功了！

為母親當女儐相的，是她的兩位妹妹。在婚禮上，吳氏三姐妹，光彩照人！

他們相依相伴54年，歷來瘦弱多病，又命途多舛的父親，如無母親與他相濡以沫，怕是難以活到八十歲的高齡！

「終刊不終」二例

民國古舊期刊的文獻性，資料性，文學藝術性，珍罕性已日漸凸現並受到重視。各大小圖書館資料室不約而同地意識到了保護與收集古舊期刊這項工作的重要性和緊迫性——紛紛將那些「珍稀期刊調到古籍善本庫進行保管了。」（于天池《北京師範大學圖書館館藏中文珍稀期刊題錄》前序）。于天池教授還講到「實際上，就紙張和裝訂而言，期刊的生命力較之古籍更脆弱，更需要在閱讀和保管上下功夫。」

保護古舊期刊並將其版本價值提升為與「古籍善本」比肩而立的地位，當然是版本理念轉變的一件好事，而如何保護好利用好古舊期刊則是一個技術性很強的問題，譬如，一種期刊的完整與否（即一種期刊到底出版了多少時間出版了多少期，冊的準確資料），就並非像我們想像的那樣已經做得很不錯了（那些比較權威的期刊目錄亦未可盡信），仍然需要我們不斷地利用手中掌握的實物（原版期刊）和史料線索做一點考證辨析的細活。需要做的事很多，方法手段亦不盡相同，我自己則是把「終刊號」作為一個切入口的，亦略有心得。判斷一種期刊的完整與否——「創刊號（創刊號之前有可能還出過試刊號）表示它的起點，終刊號表示它的結束。」是最簡單的公式。創刊號一目了然，有諸多醒目標誌，無須多費周折，而「終刊號」的斷定則須「小心求證」下一番功夫，「終刊不終」的例子很可舉出

圖上：《女聲》書面多為當年一線畫家所
　　　繪。
圖下：《實報半月刊》書面畫一期一換。

一些的。如果不能首先確定一種
期刊是否完整，接下來的研究結
論必然要打折扣。

　　與創刊時的熱鬧相比，終
刊往往無聲無息，甚至「不知
所終」——我們往往不能準確地
說出一本期刊最後結束的日期。
這裏先舉手邊一個剛剛獲知的例
子——「《女聲》月刊，1942
年5月15日創刊，至1945年7月
15日出至第4卷第2期（總第38
期）終刊，前3卷由李俊芝（即日
人佐藤俊子）主編，第4卷由關露
主編。」這是《中國淪陷區文學
大系——史料卷》（封世輝編著，
2000年，廣西教育出版社出版）關於
《女聲》的著錄，《女聲》屬上
海淪陷時期背景複雜的刊物，按
常理，史料卷的著錄應是可信
的。《中國現代文學期刊目錄》
（1961年，上海文藝出版社出版）對
《女聲》的著錄也是截止到第
4卷第2期（1945年7月15日）為終
刊。我自己剛剛入手《女聲》第
4卷第2期，自以為又新添了一
種「終刊號」（近年我把終刊號作
為收集專題，並寫了《「終刊號」叢

話》一書），及至翻查了一舊一新兩本權威期刊目錄，事情卻起了變化——第4卷第2期並非《女聲》之「終」——《全國中文期刊聯合目錄1833-1949》（1961年，北京圖書館出版）裏《女聲》著錄到了第5卷第1期（1946年1月）；《上海圖書館館藏近現代中文期刊總目》（2004年6月，上海科學技術文獻出版社）也著錄到了第5卷第1期（1946年1月），但有一點令人不十分放心，上海圖書館並未藏有《女聲》第5卷第1期實物，它的著錄是轉錄。一般來說，淪陷區所出期刊到了抗戰勝利，除了極個別的都停刊了，尤其是那些染有政治背景的刊物更是惟恐停之不及，所以說《女聲》停在1945年7月15日再正常不過了，怎麼會在勝利後的1946年1月又孤零零地出了一期？這一期和前面的《女聲》和關露有什麼關聯？這都是特別令人感興趣的謎團，亦是終刊號的魅力所在。

相似的例子還有一個，上述的兩個權威目錄都將一本叫《實報半月刊》（1935年10月創刊，北平實報社主辦，管翼賢，羅保吾主編）的期刊著錄為自1卷1期出至3卷18期，但一個（聯合目錄）將終刊號3卷18期的日期定在1937年7月，另一個（上圖期刊總目）將3卷18期的日期定在1938年？月。北平是1937年7月28日淪陷的，在此關口停刊合情合理，所以「聯合目錄」說1937年7月停刊有它的依據，但是從期數上「擠」，1937年7月只能出到第2卷第19期，我手中保存的第2卷19期正是1937年7月16日出版的，日期對得上，但期數對不上。再說「上圖期刊總目」將停刊日期定在1938年？月，似乎與當時的局勢不符，但是當我們瞭解到北平實報社的政治立場，瞭解到管翼賢的漢奸背景，事情就變得順理成章了。因此，我們可以比較肯定「上圖期刊總目」的著錄，而「聯合目錄」的「1937年7月」有可能是「1938年7月」之誤。正確的著錄應該是：《實報半月刊》出至第3卷第18期（1938年7月）後停刊。從這個例子的推理，我們明白，判斷一本期刊的終刊應有三個不可少的條件：比較權威的目

錄，實物（原版期刊），縝密的考證辨析。「上圖期刊總目」為什麼不能肯定《實報半月刊》停刊的準確月份，因為它的館藏《實報半月刊》只藏到第2卷第19期，不存關鍵的第三卷。

《紅玫瑰》封面畫

　　《紅玫瑰》是上世紀20年代著名的「鴛鴦蝴蝶派」雜誌。《紅玫瑰》的前身是《紅》雜誌，由於刊物是世界書局主辦的，書局的門面刷著大紅漆，稱為「紅屋」，所以雜誌也稱《紅》雜誌了，並無他意。《紅》雜誌創刊於1922年8月，結束於1924年7月，共出100期。《紅》雜誌甫止，《紅玫瑰》繼起，1924年7月2日創刊，趙苕狂主編。發刊詞云：「《紅》雜誌著一百期，略告一段落，今茲世界書局復有《紅玫瑰》之刊行，《紅玫瑰》之與《紅》雜誌，就歷史言，就事實言，殆相銜接。顧必易《紅》雜誌之名而為《紅玫瑰》，其間亦自有故，蓋紅之為色，在我國人心理中，隱然可以表示富麗，表示繁華，故為一般人所歡迎。然使紅者而為花，則所謂富麗繁華之特色，乃剪輯顯著而可愛。花之類繁矣，花之紅者亦甚多矣，求其色香濃豔，為雅俗共賞者，又莫如玫瑰，故取此佳卉以名吾雜誌。」

　　《紅玫瑰》出刊8年，時間不短。前3年是週刊，各出50期（為了防止脫期，每期預先印好，備足4期，然後發行）。第4、5、6年是旬刊，每年出36期，第7年出30期，遭遇上海「一・二八」事變，刊物即停，共出288期。花開數朵，單表一枝，本文不是對《紅玫瑰》刊史的回顧，只是因對第六卷的36幅封面畫感覺到特別有趣味，也

極有收藏意義，所以單拈出這麼一個「寫盡世間眾生相」的話題。第六卷即第六年，早年間的刊物多有以「卷」來表示年份的。

　　上世紀一二十年代的「鴛蝴派」期刊大都是請名畫家專門畫封面畫，不用現成的照片充封面，在攝影技術還沒有大普及之前，手工繪畫仍是封面裝幀最主要的技術手段，尤其是在照相封面氾濫的今日，更加感覺手繪封面的可貴，手繪封面在今天，可稱之為「失憶的影像」了。雖然手繪圖畫千人千面，一式一樣，但也難免掉入題材「重複與雷同」的老套老框之中。《紅玫瑰》其他各卷的封面也多是「仕女」、「風景」一類的陳貨，惟獨到了第六卷，令人為之「彈眼落睛」──原來封面畫還可以這樣做。

　　先將第六卷《紅玫瑰》的36幅封面畫的題目全部抄錄如次：

　　一期：舞場樂舞女哭

圖左：畫題《小菜場中的闊少奶》。
圖中：畫題《秀色可餐的理髮者》。
圖右：畫題《小客棧裏的鴛鴦譜》。

二期：家住樓梯梢

三期：大出喪裏的梅花三弄

四期：搶飯擔的小癟三

五期：水門汀上的臨時舞臺

六期：歡迎旅客的招待員

七期：獨輪車上的嫂嫂

八期：三張牌上之犧牲者

九期：秀色可餐的理髮者圖

十期：橋面上的專利權

十一期：遊戲場內的女堂倌

十二期：小弄堂裏的暴客

十三期：五香茶葉蛋

十四期：六月炎天的西瓜攤

　　昔日上海灘，繁華世界，跑馬廳的香檳，百樂門的舞步，燈紅酒綠，紙醉金迷；天韻樓的茶娘，法國總會的大菜，杏花樓的大碗公魚翅，黃金大戲院的名角名菜，肚滿腸肥，今夕何夕。儘管如此，卻還是有一幫子有良知的藝術家，揮筆為民間疾苦吶喊。瞧，

這36幅圖中，所涉多為社會下層人物——舞女、挑夫、幫傭、苦力、堂倌、廚娘、鞋匠、賣報的、拉車的，圖畫譴責的也多是底層社會的醜陋現象，於溫厚幽默的筆觸中，透露出同情與嘲諷的辛辣鋒芒。

36幅圖均由3人合作：朱鳳竹繪畫，徐卓待題詩，王鈍根寫字，可稱得上三好：畫好詩好字好。王鈍根，名蘊章，字蓴農，別號西神殘客，前清壬寅科舉人，中舉之年，僅有16歲。王鈍根曾主編過非常有名的《禮拜六》和《小說月報》，二刊皆為名垂中國近現代期刊史的雜誌。王氏白話文言都寫得來，書法很好，向他求書的人很多，《紅玫瑰》封面畫上他寫的字是規規矩矩的行楷，工穩靈動，十分受看。徐卓待，名傅霖，號築岩，別名半梅，徐半梅是也，江蘇吳縣人，七歲喪父，自小頑皮不堪。徐氏的小說，自有一種特別的滑稽氣質，常令讀者捧腹大笑，有評論說他是小說界的卓別林。徐氏題封面畫的詩，雖是「打油」之作，但也能顯露他滑稽的天性。王徐二位大名鼎鼎，是當年文壇的重頭人物，而封面畫的作者，本文的真正主角——朱鳳竹，其人其事其生平，我卻是尋遍各種人物辭典與資料書，均不見此公一字一句，真是遺憾之至，畫畫畫得這麼好的人物怎麼會如此「寂寂無名」呢？倒是《紅玫瑰》上的「朱鳳竹潤例」廣告，透露了一點訊息——「形象畫藝社朱鳳竹畫室」，沒有一定知名度和水平如何開得來「畫室」？朱氏的「潤例」——「每扇五元」，有興趣者，可以拿當時的幣值對比當年大師級畫家的「潤例」，算算朱鳳竹算哪路神仙。

由於此封面畫所表現的全是上海一隅的生活場景，所配詩句也多有上海人才聽得懂的方言，所以很有必要要一番名詞考釋。如「小癟三」，「癟三」源自洋涇浜之英語——「銅板空也」，後演化為「人生在世，衣食住三者不可缺一，為癟三者，衣不蔽體，食不果腹，住無定所，三者皆癟，故名癟三。」癟三前面加個「小」

字，更添一層貶義。又如「阿木林」，上海人稱初來上海啥也不懂常鬧笑話的鄉下人為「阿木林」，除了「笨頭笨腦」之意，另有「外行」的含義，但並非是特別惡意的罵人話。又如「不識相」，譏諷老實人不會察言觀色、見風使舵。第35圖《小菜場中的闊少奶》題詩：「包車拖到小菜場，奶奶架子搭松香，若問今朝買點啥，三個銅板一條醃臭鯗。」這其中的「奶奶架子搭松香」最令人不解，「搭架子」好明白，怎麼跟「松香」扯到一起呢？查來查去，最後在《上海俗話圖說》一書中查明，這句「架子搭松香」有「徒有其表」、「煞有介事」之意，松香搭成的架子或架子上搭松香，是不是有點中看不中用呢？看著是椿大買賣來了位闊少奶，最後只做成了「三個銅板醃臭鯗」的生意，難免挖苦人的風涼話就來了。

第15圖《人行道上的避暑山莊》也很有點意思。南方之夏，熱如悶籠，夜間睡馬路是都市一景，即使到了戶戶空調的今天，依然有人寫文章回憶昔日睡馬路的趣聞趣事，但是把睡馬路畫成圖畫，似僅此一例。如果光是圖畫，還不能窮盡其妙，加上打油詩，就完完全全把畫面所無法傳遞的滑稽內涵徹底釋放出來了──「家裏熱難熬，水門汀上過一宵，幾個半身模特兒，陳列得七顛八倒，半夜裏翻個身，旁邊多了一位隔壁大阿嫂。」請注意，上世紀20年代，「模特兒」既是新鮮事物又是新名詞，用到此處可以看出徐卓待的聰明和會趕時髦。

朱鳳竹不是開創民俗畫的第一人，但是可以把他算作將民俗畫搬上期刊封面的先行者。中國畫家自古至今崇尚的都是不食人間煙火的高雅與飄逸，幾乎每位畫家都要在先他幾百年以上的時代裏挑出一個名家來「師承」，多數畫家將自身形象定位在「但願身居幽谷裏，赤心長與白雲遊」的超凡脫俗的模式，很少有畫家會去想到或者即使想到也不屑於去表現身邊的民俗風情。開創民俗畫派的是

近代畫師吳友如（?-1893年）。吳友如的繪畫完全植根於對現實生活的觀察——「表現普通日常生活中伸手可得的那些平凡的東西。」（法國庫爾貝語）朱鳳竹在《紅玫瑰》上開創的「市井風物畫」，雖然遠不及吳友如的成就大，但是畢竟進行了一次在封面藝術設計上的大膽嘗試，同時在不經意間為收藏愛好者提供了一個「空白」式的集藏品種——封面畫。一開始我只買到了幾本第六卷《紅玫瑰》，立刻被其畫風吸引，查閱資料得知第六卷全都是這麼好看的封面畫後，即全力搜尋，終集得全份36期36圖的《紅玫瑰》第六卷，興奮莫名，特撰此文並提供若干封面與藏友共賞之。

我與《立言畫刊》

十幾年前，我寫過〈金受申與立言畫刊〉，刊在很不起眼的《燕都》雜誌，重讀舊作，平生出些許感慨，一是像《燕都》這樣純談老北京的刊物如今根本沒有立錐之地，只是稀稀落落地作為時尚雜誌的點綴，二是作為寫老北京寫得最好的金受申老先生，依然人所罕知，胡適說過「不應對故人這麼漫不經心。」人往風微，漫不經心的地方多不勝舉。三是當年覺得買的老貴老貴的《立言畫刊》，今天成寶貝了，有出版社出了新版金受申的《北京的傳說》，從金受申後人那借來的《立言畫刊》，比之我保存的書品要差遠了。四是像《立言畫刊》這樣的老刊物，還應該發揮「餘

圖左：《立言畫刊》，封面為三十年代「標準美人」徐來。

圖右：《立言畫刊》，封面是京劇名角張君秋趙玉蓉結婚倩照。

熱」，那上面有關京劇的「人和事和戲」太豐富了，可惜擱我這個「戲盲」手裏，糟踏了多少寶貴的材料。

《立言畫刊》是我購刊史上期數最多的一種，從創刊號至200期，完完整整的「連號」，甚為難得，私藏中未聞有第二者。此刊總出356期（自1939年至1945年），200期以後的零本我也藏有幾十冊，若論內容精華，還要屬200期以裏，虎頭蛇尾，這是大多數雜誌的通病，這200期舊書店賣給我的價是1700元，1700元在九十年代初是個不小的數目，當時真是狠了狠心才買的。雜誌這種藏品，零散二本三本看不出名堂，數量一多，就覺出好處來了，尤其是作研究的時候，真是多多益善。文化在某些方面還是增值了，而且現在有人出過很高的價錢想買我的《立言畫刊》，怎麼能賣呢，我就這一套。

前幾年馮驥才，姜德明先生為天津老漫畫家朋弟打抱不平，原因是朋弟創造的漫畫人物「老夫子」原型被香港某畫家瘋狂盜版。馮驥才一怒之下，還真花了不少的功夫搜羅到原版的「老夫子漫畫集」並重新出版以正視聽。《立言畫刊》是朋弟的「老夫子」最初登陸京城的灘頭陣地，我手中的刊物可以作證，這樣，收藏又多了一層意義。

「言慧珠之死」，我曾經讀到過一篇很詳細的文章，對這位梅蘭芳的弟子的身世感到興趣，一翻《立言畫刊》，有許多言慧珠的照片，扮相極美，一顧傾城，再顧傾國。言慧珠曾獲得四十年代「上海小姐」選美「戲劇組」頭名。可憐她極其悲慘的結局，令人掩卷長歎。許多影劇界明星都在《立言畫刊》封面留下過美好的影相，光是這二百期的封面人物，難道不就是一本珍貴的老相冊麼。

還有那些藝術家們題寫的刊名書法，各有各的風采，令人駐神默想，裝點著永遠不可複製的歷史。現在的刊物都是「一水兒」呆頭呆腦的電腦字，偶爾請個名家，連毛筆字也不會寫，這就更加令

人懷念往昔的藝術與人物。我估摸著，像《立言畫刊》這樣具有多
重價值的老期刊，終會有翻身的那一天，不是已有人將金受申撰寫
的「北京通」編選出了一本新書嗎，只不過做得太不精，需要重新
包裝再來。我甚至幻想出一種《立言畫刊》的精選本，用現代化手
段，將視覺效果，文獻資料，融合一處，盡可能地別眼瞧著歷史斷
了層。

張光宇主編《獨立漫畫》

寫完《漫畫漫話——1910-1950世間相》這書後，我的老漫畫熱情冷卻了，這書引來了幾位老漫畫家的子女的關注，和我聯繫一同感歎父輩的才華與後來的遭遇，除了這幾個電話，這書就無人可交談了。熱情冷了卻不妨礙繼續搜購老的漫畫雜誌，唯有一個變化，眼光比以前挑剔多了，價錢太貴還不成，過去哪種不管不顧的瘋魔勁再沒了，我明白老漫畫裏的精品少之又少，合吾意的漫畫越來越少。《獨立漫畫》我早聞其名，也略知一點「獨漫」的來歷，所以當前些日子某舊書網突有「獨漫」現身時，我即決定不惜代價買下來，舊書網的「買」的形式是拍賣，不是通常的「先來先得」，拍賣乃「出價高者得之」，事前要有心理準備，價格有可能拍得很高，拍下來心疼錢，拍不下來心有不甘。最終「獨漫」落入我手，代價亦十分沉重。此份《獨立漫畫》共計八冊（只少一期就是全份了），含創刊號（這很要緊，沒有第一期的話價值銳減），有三期丟失封面，總體書況良好，還算物有所值，不能算物超所值。

「獨漫」1935年9月到1936年2月，出版9期，張光宇主編。張光宇（1900-1965）是位藝術家，二、三十年代為其藝術高峰，死得早，聲名不彰。清華大學美術學院唐薇教授近撰〈張光宇年表〉，花了很大功夫，收有稀見史料不少。歷史往前走，被遺忘的人越積

圖上：張光宇自畫像。
圖下：《獨立漫畫》書影。

越多，有些人忘了就忘了，而張光宇不要裹在裏面。年表對「獨漫」有如下記錄：

「1935年，上海時代圖書公司分裂後，創辦上海獨立出版社，主編、出版《獨立漫畫》（半月刊）。這個刊物極大發揮了張光宇在書籍裝飾方面的才能，每期均刊有張光宇的大幅精美漫畫，如：第1期封面漫畫《新失樂園》、第2期首頁漫畫《白色臺面，何來黃狸？》（編入《光宇諷刺畫集》時題為《白色臺面刀光叉影》）、第3期《不自己鞭策，有他人驅使》、第4期《破落的廚房》、第5期《金剛怒目，菩薩低眉》、第6期《牛醫生檢彈圖》、第7期《捉迷藏》和後來編入《光宇諷刺畫集》的彩色漫畫《許老老神遊蓬萊仙境》等。張光宇的12幅《民間情歌》在《獨立漫畫》1、2、4、6、7、8期連載。據上海地方誌記載：《獨立漫畫》（半月刊），上海獨立出版社出版，1935年9月25日創刊至1936年2月，共刊行9期。1936年2月29日，《獨立漫畫》（半月刊）被國民黨中宣部下令查禁，『罪名』是：「一、詆毀政府；二、侮辱最高領袖；三、提倡階級意識。」通過比對，我排查出我缺得那期是第7期。期刊雜誌向少編細目，漫畫刊物好像根本就沒編過細目（私家編的不得而知），我的排查是推算法，依據的就是唐教授的「張光宇的12幅《民間情歌》在《獨立漫畫》

1、2、4、6、7、8期連載。」算出來的。順帶說一句，張光宇的《民間情歌》和張樂平，丁聰當年畫的某些漫畫格調不夠謹飭，現在決不好意思編進畫集。這牽出另一個問題，——漫畫家也「悔其少作」，他們在抨擊社會積弊的同時也在迎合社會的陋習；他們給中國漫畫史留下經典的同時也生產過垃圾。

　　第8期是「更新號」，中間是折頁長幅彩色漫畫《歸去來辭圖》，汪子美畫的，畫面上是蔣介石，林森，胡漢民。汪子美借古詩諷今世，用到漫畫上不止這一回。把陶淵明〈歸去來辭〉全用上來影射時政還是費一番思量的——「歸去來兮，國家將危乎不歸？既自以心為黨國，奚惆悵而獨悲？悟私見之不諫，知團結之可追。實養屙已半載，覺精神好百倍。閣搖搖以來京，馮飄飄而下山，恨殷逆之無恥，喜我歸之未晚。乃登汽車。載欣載奔，孫科歡迎，蔣林候門，四省雖荒，華北猶存。攜眷入府（國府也），不勝昔今，引公文以自覽，有學生之請願，詢同僚以高見，審妥協之易安。京日涉以成趣，事雖多而常閒。行紀念於每週，時演講而宣言。敵無

歸去來辭漫畫（局部）。

心以出兵，機（飛機也）倦飛而知遠。國蒸蒸以將富，撫法幣而盤恒。……」《獨立漫畫》遭禁的三椿罪，前兩椿這幅畫粘上了，第三椿「提倡階級意識」有「莫須有」之嫌。

漫畫刊物裏的文字，是衡量一本漫刊水平的尺規，文字刊物可以一幅畫都沒有，圖畫刊物沒有好的文字可不成。《獨立漫畫》裏的雜文，特寫，小品文每期都有，第一期第一篇就是施蟄存的〈小品・雜文・漫畫〉，簡直就是給漫刊定調子。徐籲寫〈梅蘭芳論〉，寫的很長，分兩期連載，這麼好的文章擱在漫刊上，我又覺得虧了點。王敦慶（1899-1993）是第一代老漫畫家，這位前輩似乎有搜集舊刊的雅好，我看到的幾篇中國漫畫史料的文章都出自此老之手，《獨立漫畫》刊出王敦慶的〈介紹上海最老的一本幽默雜誌〉，介紹的是1895年在上海創刊的《饒舌雜誌》（英文），隨文有7幅圖，都是外國漫畫家筆下的清廷怪像，慈禧，光緒帝，李鴻章都在被嘲諷之列。王敦慶收藏的《饒舌》是「筆者因為要寫這篇文章卻以國幣兩元一冊的代價從一個外國老太婆那裏買來的。」這個來源今天聽來很有趣。王敦慶對外國漫畫很是留心，他還有〈第一回世界大戰的漫畫戰〉刊出，能寫此類題材並能提供圖片的非王莫屬。曾迭，不知是什麼作家，在《獨立漫畫》上見有他寫的〈賽金花的「秘密」〉〈談淫書及其它〉，我看還是應歸為考據類文字而非漫刊常見的遊戲之作。

自己寫自己畫的漫畫家，不是很多，魯夫是一個，他的〈霞飛路亞爾培路的夜巡禮〉五幅插圖4000個字，〈白俄線上散步──社會生活素描之一種〉（上）四幅圖4500字，是上海風情的最好詮釋，金沫的〈廣州之東南西北〉八幅圖5000字，也不錯。這樣的圖文配合形式很適合特寫一類的題材。荆有鱗（1903-1950）的〈長安市上〉是特寫惜無插圖相匹，荆寫過《魯迅回憶斷片》一書，開始挺進步的，不知後來怎麼成了國民黨特務，解放初即被鎮壓。

有聲電影專號

此冊專號極其要緊，它表明默片時代的結束，電影會説話了。美國人説「嘉寶開口了」，嘉寶是默片時代的電影明星。我們有一批默片明星，而現在除了搞電影史料的專業人員，誰還記得他們，能知道胡蝶，金焰是曾經的影后影帝就該表揚了。電影不像小説，電影是必須到電影院這個特定場合去領受它的藝術感染，小説就簡單的多，隨時隨地都可以，古人怎麼看書我們今天還是怎麼看書，形式上幾乎毫無改變，八十年前的電影是沒有聲音的，演員只有形體動作卻説不出話來，──今天聲光電閃的一代真是接受不了也理解不了，他們以為電影一直以來就是現在這個樣子，連色彩都一直是斑斑斕斕的何曾有過黑白不帶色的。

《有聲電影專號》之書面。

《電影月報》的第8期是「有聲電影專號」，1928年12月出版，距今整八十年，很厚的一冊，有著銅板紙的插頁印著明星的玉照，有夏佩珍，胡珊，鄭小秋，張美玉，王獻齋，程步高（導演）這些現代人無知的名字。還有電影《奮鬥的婚姻》《紅蝴蝶》《熱血鴛鴦》《火裏英雄》的劇照，（還有一部《國民革命軍海陸空大戰記》，像是紀錄片，有孫中山宋慶齡的鏡頭，還有真打仗的鏡頭，似乎現在某些紀實節目裏用過。）估摸著這些電影的拷貝不是沒了就是時間久了放不了了，這也是電影不如小說的地方，二十年代的片子只能做為資料片了。圖片中唯一和電影沒關係的是潘玉良的兩幅油畫。

　　前幾年我寫《夢影集──我的電影記憶》時，手裏還沒有這本專號，但是我從張偉的書《滬瀆舊影》裏看到過。張偉是國內研究老電影的權威，他不同於別的研究者，張偉有私家藏品，他收藏的電影說明書全國第一。還有一個別人沒法比的條件，張偉是上海圖書館研究館員，上圖是資料的寶庫，近水樓臺，再加上張偉的勤奮和聰慧。寫完書後，我對老電影刊物的興趣減退很多，但心中還存在幾個目標是特別想擁有的，其中即有《電影月報》所出《有聲電影專號》。《電影月報》非常棒，共出版12期，每期的封面都是請名畫家作畫，每期的刊名也是請名人來寫，而非只圖省事用明星照相來糊弄讀者。像《有聲電影專號》，刊名是請胡適寫的，封面畫是丁悚畫的。現在的影刊太圖省事了，封面上一點兒看不出美術的元素。曾在琉璃廠一家舊書鋪的櫃檯見到一摞《電影月報》，一問價，嚇死人，兩萬塊，合一本兩千塊，這麼高的開價你是沒法還價的，還一半還是貴。有一回某舊書網站，有人拿出一大波影刊拍賣，儘是稀見之物，且書況甚佳。《有聲電影專號》也在內，我當然要拼爭了。每本影刊我都出了價，專號直出到1,800元，但最終我一本也沒拍到手，那天有兩三位出價極其兇猛，你根本無法預測他到那個價位（500，800，1,000，1,500，2,000）才會罷手，碰上這樣

的競爭對手，真不走運，這麼一波子老電影珍本就被這兩三位瓜分乾淨。此次失手，我想我是與專號無緣了。誰知五個月後，這波影刊又露面了，同一網站同一賣家，幾乎是上回拍賣的全部，專號也回來了，怎麼回事啊，——我在網上發短信問賣家，別是其中有詐吧。問題很簡單，原來是買家悔約，實際上沒成交，所以賣家只得重新拍。網路上的事挺怪，凡是拍過一次的貨色再拍第二回，總是不如第一回拍的價高。專號只出價到上回的三分之一就歸我了，這樣的事不知該歸於書緣還是歸於心誠。給賣家匯錢的時候我本想囑咐他一句別「張冠李戴」，因為同時他拍有好幾本《電影月報》呢我擔心他寄亂了，還真是差了這句囑咐，這位老兄真把另一本《電影月報》錯寄給我了，我趕緊給他電話，還好專號還沒寄出去。又是一番我寄你你寄我，《有聲電影專號》才真正地屬於我。這冊專號裏還夾著一張「發音電影演講會」的入場券，演講者美國饒柏森博士，券的背面印有「科學之昌明一日千里。我人不努力追求。將成為時代之落伍者。」在當時，中國電影在科學技術方面落後世界先進水平並不太遠。

我說過我們的期刊雜誌缺乏詳盡的統計資料，資料中最缺乏的是雜誌目錄的彙編，以文學期刊為例，迄今只有一種《中國現代文學期刊目錄彙編》（1915-1948年），三千多頁的大書，也僅僅是收錄了276種期刊（另有附錄4種），相對於那個時期所產生過的幾千種文學期刊而言，確實太少了。這本彙編出版二十年了，再無一本彙編繼往開來，有專家說現在的出版形勢已無力再出這樣銷路很窄耗時耗力效益幾無的書。集體的編目沒指望，只有自己搞，自己搞有個問題，自己的收藏編出來給誰用呢。我只給自藏的一本叫《雜誌》的期刊編過目，三十多期，約三萬多字，編這個目時還有一個副作用，等於練習了打字，那時我才學了拼音輸入法。另有一法，單冊雜誌的目錄，在寫到它的時候，不妨全部抄錄或擇要目錄之，這樣

對讀者或許有點線索性的小用。《有聲電影專號》的要目：〈霍萊塢對於有聲電影之輿論〉（羅樹森）〈賭神罰咒的有聲電影〉（許卓待）〈有聲電影發明史〉（沈誥）〈有聲電影的簡要圖說〉（愛譯）〈關於有聲電影制種種〉（楊敏時）〈記美國之有聲電影〉（仲言）〈有聲電影之前圖〉（紅參）〈我對於有聲電影的意見〉（周劍雲）〈各國電影取締及審查條例〉（鄭超人）〈電影在廈門〉（葉逸民）〈美國銀幕外史〉（珠光）。

《世界》畫報不值10萬元

前一階段被炒得沸沸揚揚的號稱價值10萬元的《世界》畫報，終於以「流標」的結果結束了「鬧劇」。不是說《世界》畫報不值錢，也不是說《世界》畫報沒有價值，而是說將《世界》畫報的價位定在10萬元，太離譜了，不流標倒令人奇怪了。近日結束的中國書店拍賣會上，較之《世界》畫報貴珍奇稀得多得多的《六合叢談》（1857年，上海首份中文雜誌，堪稱「海內孤本」）才拍賣了3.96萬元。《世界》畫報付拍前，有關媒體是這樣報導的「一本創刊於1907年的攝影雜誌近日將在蘭州拍賣，起拍價10萬元。據介紹，這是目前中國國內發現最早的中文攝影雜誌。記者在甘肅博東拍賣有限責任公司舉辦的拍賣會現場看到，這本發黃的雜誌除了文字之外，還配發了大量的黑白。雜誌以圖文結合的方式介紹了中國，女子職業發展、中國革命以及上海等地外國租界中華人生活狀況等內容，同時還包括了英、法等國的鐵路建設、工業、交通等情況。據介紹，《世界》雜誌是1907年由當時赴法留學的一些留學生在法國巴黎創辦的，向全世界發行，當時發行量為5萬份，售價兩塊大洋。」

事實上這樣的報導不夠到位，漏掉了許多重要細節。上世紀初，國民黨元老吳稚暉、李石曾及褚民誼三人在巴黎組建「世界社」，專門編印畫報，除了出版了二期《世界》畫報，還出版過一

圖上：《世界》畫報內頁。
圖下：〈世界真理之科學〉。

冊《近世界六十名人》的大畫冊
道林紙八開膠版印本，這本畫冊
首次刊印馬克思像，成為重要的
歷史文獻。世界社還在巴黎設有
印刷所，畫報中所用中國鉛字是
特地從中國裝運到法國的。由於
法國工人不識中國字，印刷的幾
道程序都由吳稚暉三個人親自參
與動手。畫報及畫冊印成之後運
回國內發行，定價兩個大洋，是
非常之貴的印刷品。《世界》畫
報在當時，不用說在中國是屬於
空前的創舉，即使是印刷技術領
先的日本，也沒有這樣精美和豪
華的畫報出現。吳稚暉對《世
界》畫報傾力用心，特別注意版
圖清晰，編排醒目。吳稚暉說
「我編世界畫報時，特別注重印
刷方面。我自己慎重研究怎樣墊
版，選用怎樣性質的紙張，可以
使版圖平勻地纖毫畢露。在編輯
方面，也頗注意到文字和插圖的
排列和支配，怎樣可以合乎讀者
口味，使人一目了然。」吳稚暉
還說「那時我和褚先生等，都努
力於介紹世界的科學及世界進化
的略跡。我們在第一期上，即介

紹達爾文的進化學說和郝智爾的進化學說,那幾篇關於人胎與獸胎
的比較論文,還是出自褚先生的手筆。」

　　《世界》畫報共出兩期。第1期56頁,分「世界各殊之景
物」、「世界真理之科學」、「世界最新之現象」、「世界紀念之
歷史」、「世界進化之略跡」等五大類。在「世界現象」一欄中,
刊出上海公堂案英租界擾亂照片三幅,乃上海外交史的名貴材料。
第2期篇幅增至86頁,關於中國的圖文增多中國男女吸食鴉片問題、
淮北饑荒、上海商會團練兵過租界等。筆者存《世界》一冊半(半冊
失封面),並於五、六年前於京城報國寺文化市場親見一攤主售二冊
全的《世界》畫報,當時索價是2,000元,大家都嫌貴,議價之際,
《世界》畫報竟被人竊去,攤主懊喪不已。今日聞《世界》畫報喊
出10萬元天價,那攤主該做何感想?去年某古舊書網站拍賣《世
界》第一期,我出價出到2000了,最終還是被別人買走了,事後冷
靜下來,又仔細看了網上的圖片,才看出此件《世界》沒了封面,
只是扉頁太近似封面了當時把我蒙住了,幸虧沒買。《世界》畫報
雖珍貴,但還沒珍到10萬元那份上。

百歲蝴蝶老鴛鴦

「鴛鴦蝴蝶派」一直是頂壞帽子，給誰戴上誰也覺得不光彩，但這個名稱卻叫響了叫順了，使用的頻率極高。近來有一篇權威評論還說：「有意思的是，沉寂了數十年之後，在內地，『鴛鴦蝴蝶派』居然又借瓊瑤、金庸之身還魂了。」昔年，紙帳銅瓶室主鄭逸梅為了躲避這頂帽子，發明了「舊派文人」這樣的中性詞，把「舊派文人」辦的雜誌叫「舊派文藝期刊」，總算欲蓋彌彰地破帽遮顏了。鄭逸梅還寫過《民國舊派文藝期刊叢話》，收錄舊派文藝期刊113種，等於是為每種期刊立了個小傳，資料性實用性線索性極強，後來許多研究者經常引用這篇叢話，甚或更高明地躲避了「鴛鴦

《華光》創刊號，文物大家王世襄四十年代常有文章發表在此刊。

蝴蝶」，躲避了「舊派文人」，使用「通俗期刊」這樣的說法，聽起來就順耳多了。

我是雜誌癖者，對於舊雜誌只要是文學藝術類的，不管燕瘦環肥，一鼓擒之，所以鄭逸梅提過的舊派文藝期刊，無心插柳之中也搜羅到了一些，有些是叢話中談過的，有些是叢話中沒有涉及的，總算都是親手買了親眼看過，姑妄稱之「過眼錄」，所談均為叢話中未收的期刊，定位盡可能往「舊派」上靠近。

一、《華光》

《華光》編輯者，陳慎言。陳慎言（1887-1958）福建閩侯縣人，清末去法國留學，專習海軍，宣統三年回國。民初開始為報紙寫小說，以《如此家庭》《故都秘錄》《說不得》等聞名文壇。《華光》創刊於1939年7月，「卷頭語」云：「處此文壇沉寂，作家廖落時期。要給青年界一種較為完滿的刊物，作為精神的食糧，殊非易易！」創刊號為32開本，內容有徐一士〈如如齋談薈〉，壽石工〈治印叢譚〉，傅惜華〈清代傳奇提要〉，讓言（王世襄）〈燕園景物略〉，屈軼〈介紹青年暑假中可讀幾本書〉，惠孝同〈清代山水畫風之興替〉。欄目設置有：插畫、文藝、藝術、科學、家庭、電影、學校、漫畫、補白、短中篇小說、青年文苑。「青年文苑」中有暢安（王世襄）的詞〈臨江仙・題畫〉、〈浣溪沙・題畫〉。

自第二期起，《華光》改16開本，頁數依舊為100頁。第四期刊出藥堂（周作人）的〈古文談〉，第六期刊出〈國文談〉。王世襄的文章每期都有，文體多樣，如〈心住庵小品〉，連載〈及時行樂・蛐蛐・熬鷹・放鷹〉，〈以湖社畫展的幾張畫說到近代畫家的

作風與購畫的心理〉，〈關於大學畢業論文〉。《華光》編輯部高在「北京齊內芳嘉園二號」，這不是王世襄的故居嗎？

《華光》出至二卷四期停刊，共十期。在當時算是印製考究的刊物了。鄭逸梅在叢話中提過另一種《華光》，由鄭逸梅，張文傑編輯（1931年2月），僅出一期。

二、《快活世界》

《快活世界》，大16開本，200餘頁，民國三年八月十五日出創刊號，二期即止。編輯者莊乘黃，發刊辭及〈吾之快活觀〉均出其手筆，內有一句云：「吾憂患中人也，而乃揭櫫此絕對相反的快活二字以與閱者相見，得毋笑吾忒荒唐乎，曰苦樂定名也，非定局也。凡人所處之境，千差萬別，而一切苦痛快樂皆由心造」。言之有理。欄目設置：傳記、小說、譯林、劇談、腳本、筆記、叢談、書畫、諧文、詩話。所載有〈世界第一快活人略傳〉、情天變幻錄〉、〈簫心劍氣樓劇談〉、〈論上海一年來出版界之現狀〉。

三、《餘興》

民國三年八月創刊，上海時報館編，有正書局發行，至1917年7月停刊。《餘興》係《時報》附刊《餘興》的作品選刊，今所謂「單行本」也。創刊號封面畫由丁悚作（丁聰之父），一西洋紳士擁書數十冊，搖搖欲墜，一副樂不可支的模樣，此畫風頗似英國幽默雜誌《笨拙》。《餘興》所載皆短小之文，如雋語、禽言、謠頌、酒令、詩令、新對、燈謎、遊戲詩、遊戲詞、滑稽問答、寶塔詩。另有眾多插圖，如〈美人百面相〉、〈新發明品〉、〈新現象畫〉、〈諷刺畫〉。一卷在手，可解半日之閒。

四、《滑稽雜誌》

滑稽文學上世紀一、二十年代甚流行，湯哲聲先生有專著《中國現代滑稽文學史略》，後又以《滑稽幽默編》之名收入范伯群主編之《中國近現代通俗文學史》，算是為滑稽文學正身立名了。鄭逸梅「叢話」中收《滑稽畫報》、《滑稽新報》，未收《滑稽雜誌》，湯哲聲也未提過此刊，通俗文學史中的「大事記編」也漏了此刊。

《滑稽雜誌》創刊號於1913年11月出版，其宗旨為「開通社會諷諫政府」，主編者江家楨，號夢花館主，扉面有其小照。內容分滑稽諷刺畫、滑稽論說、滑稽詩詞、滑稽雜著、滑稽小說、滑稽文粹，作者有徐雪梅、盧天牧、張越侯、朱瘦鶴、胡延齡等。本刊僅出三期。

五、《滑稽時報》

湯哲聲說：「曾將通俗文學作品和報紙的副刊的關係作過一番分析，最後竟得出這樣的結論，清末民初興起的通俗文學作品幾乎全部在報紙副刊上連載過。……他們以報紙副刊為起點，逐步擴大了他們的發表陣地。……它們都是報紙副刊的派生，有的刊報如《自由雜誌》《小說時報》本身就是報紙副刊的彙刊和變種，是報紙副刊的雜誌化。」

手邊的《滑稽時報》即是時報館的副產品，1915年4月出版，16開本，出四期止。封面畫為周柏生所作，周後來畫月份牌廣告畫很有名氣。刊物前有插畫：煙管之變遷，廢物利用圖，外交退讓，滑稽旅行。欄目設置：諧著、說林、拾遺、豔史、文苑、叢譚、

院本、神話、劇談、方言、謎語、笑林、補白。我對「方言」、一欄有興趣，聽不懂看得懂。關於「你」，各地的叫法有「雜怒」（金山），「林」（南京），「五納」（太倉），「裏黨」（蕪湖）；關於「我」，各地的叫法有「五怒」（太倉），「合怒」（金山），「呢」（蘇州），「臥黨」（蕪湖），「鵝郎」（紹興），「烏拉」（嘉興）。

六、《上海》

生於上海，又喜集刊，對於標有「上海」題頭的舊刊自是格外留意。前年歲尾覓得一冊「消遣的雜誌」，當然喜出望外，視作寶貝。

查《全國中文期刊聯合目錄》（1961年，北京圖書館編），《上海》僅出一期，既是創刊號又是終刊號，可以「孤本」稱之；又查目錄所載50家大圖書館僅3家有藏，又可以「珍本」視之了。《上海》創刊於1915年1月，廣益書局發行，主編者陸澹安。陸澹安主編過《偵探世界》，所著《李飛探案》暢銷一時。他編纂的《小說詞語彙解》，至今仍是解讀古典小說非常實用的工具書，陸的藏書在朋友中數一數二，可惜在「一‧二八」事變中付之一炬。

《上海》自標為一本「消遣的雜誌」，這點從欄目編排上可以看出：諧文，存古，雜俎，補白，餘興，小說，談劇。「祝辭」云：「此編大有奇文在，莫當尋常典冊看」。「繁華今日說洋場，當年掌故眼前事」。刊內〈十年來上海之今昔觀〉最可一讀，開頭便說「上海繁華甲於中國」，歷數百餘年前上海景觀：上海以前的七座城門，上海何時有車？滬上茶肆何處最盛？戲院何處最鬧猛？依稀一幅「上海勝跡圖」展現眼前，可惜未曾刊畢，《上海》就停刊了。

《禮拜三》第一期書影

七、《禮拜三》

幾年前於《新民晚報》「夜光杯」版讀姜德明先生〈《禮拜三》補〉，甚羨其藏刊宏富。姜德明說：「當年流連舊書店，我也買過幾本晚清和民國初年在上海出版的文藝刊物。鴛鴦蝴蝶派的《禮拜六》週刊最有名，忽然又發現一種也是小開本的週刊《禮拜三》，當是見到《禮拜六》一時風行，立刻模仿炒作。我存此刊絕非為了研究近代文學，而是覺得好玩，證明世間曾經有過這種名目的期刊而已。」

心想事成，後來我也得到一冊《禮拜三》，還是個「第一期」。關於此刊，姜德明敘述甚詳，我不必再饒舌，只是提供一幀書影，供關心舊期刊者一哂。

《苦竹》片段

最近看到《苦竹》月刊，封面畫真畫得好，以大紅做底子，以大綠做配合，紅是正紅，綠是正綠，我說正，主要是典雅，不奇不怪，自然的完全。用紅容易流於火燥，用綠容易流於尖新，這裏都沒有那些毛病。肥而壯大的竹葉子，佈滿圖畫，因為背景是紅的，所以更顯得洋溢活躍。只有那個大竹竿是白的，斜切在畫面，有幾片綠葉披在上面，在整個的濃郁裏是一點新翠。我喜歡這樣的畫，有木板畫的趣味，這不是貧血的中國畫家所能畫得出的。苦竹兩個字也寫得好，似隸

《苦竹》第一期書影。

篆而又非隸篆，放在這裏，就如同生成的竹枝竹葉子似的，換了別的字，絕沒有這樣的一致調和。總之，這封面是可愛的，有東方純正的美，和夏夜苦竹的詩意不一定投合然而卻是健康的、成熟的、明麗而寧靜的，這是屬於秋天的氣象的吧，夏天已經過去了。

——沈啟无

初次見到《苦竹》，是在姜德明先生的書房，那是我第一次登門，所以給我看了許多藏書。姜先生收書一點兒也不受意識形態的束縛。當日看的《苦竹》是全套的共三本，紅綠黃一本一色，創刊號是紅顏色的，正如沈啟无形容的那樣。過了很長的時間，我終於也買到了《苦竹》，那個機會得自中國書店的一次超大規模的民國期刊展賣會，書店經理只跟我說了一句：「你就準備錢吧，東西有的是。」我沒有錯失良機，錢不夠，把集了三十年的郵票賣了多一半，近乎拼了老本。如今這樣的機會這樣的價格徹底沒了，大家都覺醒了。

張愛玲與《苦竹》的關係一開始就是很明確的，比她投過稿的任何一個雜誌都要明確，這回不必猜測她的動機了，張愛玲給哪家刊物寫稿或不給寫或中途退出好像都是有所考慮甚至有所經營。張愛玲八月和胡蘭成結婚，《苦竹》十月創辦，張愛玲為《苦竹》寫文章，就這麼明確。雖然明確，我還是不大同意余斌先生的猜測「也許是與張愛玲在一起引發了對文學的興趣，加上此時已是在野之人，胡蘭成辦了一份偏重文藝性的雜誌《苦竹》。張愛玲當然是要助他一臂之力的，《苦竹》上有她的三篇作品，〈自己的文章〉已如前述（案，此文首發於1944年5月《新東方》雜誌），〈桂花蒸阿小悲秋〉，〈談音樂〉則在她的小說散文中當數上乘之作——她是把用心之作留給了《苦竹》。相當長的時間裏，張的小說似乎都是由

《雜誌》包辦的,或者好稿先給它。眼下她卻藏起〈阿小悲秋〉,與登該小說的那期《苦竹》同時出版的《雜誌》只得到一篇無甚精彩的〈殷寶灩送花樓會〉,也見得遠近親疏不同了。」(《張愛玲傳》)我一直有個疑問:張愛玲除了稿酬,還有沒有其他的收入來源,她那幾年的稿酬總收入大概是多少?靠著這些純寫作收入張愛玲能挺到離開大陸真是一筆苦賬兒。按當年物價水平一年之入支撐兩年之費的話,張愛玲也就寫滿了三年,能夠維持六年,如此計算,離開大陸之前張愛玲差不多要挨餓了。

《苦竹》連同人雜誌都算不上,徑直稱胡蘭成的個人雜誌得了,只有周瘦鵑的《紫蘭花片》似乎比此更純個人雜誌──從頭到尾無一不是周的文章。底下是《苦竹》一至三期的目錄,每一篇後面標有●記號者,應即是胡蘭成的文字,其餘張愛玲、炎櫻、路易斯、沈啟无等,當時亦是胡邊人物,第三期完全是胡蘭成包辦。(《苦竹》內胡蘭成所作文章均收入陳子善編《亂世文談》2007年3月香港天地圖書公司出版)

第一期(民國三十三年十月出版)

試談國事	敦　仁●
要求召開國民會議	貝敦煌●
違世之言	王昭午●
談音樂	張愛玲
死歌	炎　櫻
新秋試筆	胡蘭成●
詩四首	路易斯
大世界前	
不唱的歌	
真理	

《苦竹》目錄頁。

看雲篇

貴人的惆悵　　　　　　　韓知遠

周沈交惡　　　　　　江　梅●

開往北方的列車（詩）　弘　毅

閱讀啟蒙　　　　　　夏隴秀●

讀《出發》　　　　　南　星

里巷之談　　　　　　林　望●

說吵架　　　　　　　江崎進●

中國革命外史　　北一輝著／蔣遇圭譯

編後　　　　　　　　　編　者

第二期（民國三十三年十一月出版）

文明的傳統　　　　　　敦　仁●

給青年　　　　　　　　胡蘭成●

南來隨筆　　　　　　　沈　啟

自己的文章　　　　　　張愛玲

多年以後，胡蘭成說：「南京政府日覺冷落。我亦越發與政府中人斷絕了往來，卻辦了個月刊叫《苦竹》，炎櫻畫的封面，滿幅竹枝竹葉。雖只出了四期，卻有張愛玲的三篇文章，說圖畫，說音樂，及桂花蒸阿小悲秋。是時日本的戰局已入急景凋年，南京政府即令再要翻騰一個局面，也是來不及的了。我辦《苦竹》，心裏有著一種慶幸，因為在日常飲食起居及衣飾器皿，池田給我典型，而愛玲又給了我新意。池田的俠義生於現代，這就使人神旺，而且好處直接到得我身上，愛玲更是我的妻，天下的好事都成了私情，本來如此，無論怎樣的好東西，它若與我不切身，就也不能有這樣的相知的喜氣。其後不久，因時局變幻莫測，便決定飛往武漢。」

（胡蘭成說錯了兩個地方，一是《苦竹》的期數，一是張愛玲三篇文章的題目。）胡蘭成到了武漢（1944年11月）「我到漢口即接收了《大楚報》」。

在《大楚報》胡蘭成是沈啟无的上司。在〈周沈交惡〉裏，胡蘭成說：「周作人和沈啟无決裂，沒有法子，也只好讓他們決裂吧，我個人，是同情沈啟无的。」胡蘭成評論沈啟无的為人的措詞，使人感覺沈只是個可憐的小人，胡對他僅是在交惡一件事上表示同情，而這種同情有很大成份是不問是非只看強弱的，周作人太過強大了，擠迫得沈啟无無沒法在京城待下去，我們似乎找不出周作人對第二個人有過像對沈啟无這樣痛恨的徹底。據〈沈啟无自述〉（1968年5月13日）說：「1944年4月間，周作人日公開發表破門聲明，並在各報上登載這個聲明，一連寫了好幾篇文章在報上攻擊我。我並未還手，只想把事實擺清楚，寫了『另一封信』送到北京，上海各報，他們都不刊登。當時只有南京胡蘭成等人，還支持我，『另一封信』才在南京報刊上發表出來。周作人不經過北大評議會，挾其權力，就勒令文學院對我立即停職停薪，舊同事誰也不敢和我接近。由於周作人的封鎖，使我一切生路斷絕，《文學集刊》新民印書館也宣佈停刊。我從5月到10月，靠變賣書物來維持生活。武田熙，柳龍光要拉我到《武德報》去工作，我拒絕沒有接受。北京現待不下去，我就到南京去謀生，胡蘭成約我幫他編《苦竹》雜誌。我在這刊物上發表過兩篇文章，一篇〈南來隨筆〉，一篇是新詩〈十月〉。1945年初，我雖胡蘭成到漢口接辦《大楚報》（大約1944年11月間去漢口）。本來我打算在南京中央大學中文系謀一教書位置，胡蘭成說武漢大學有機會，勸我一同到武漢。到了漢口以後，方知武漢大學停辦，只好幫他辦《大楚報》。胡蘭成做社長，我任副社長。」此時沈啟无認識胡蘭成還不到一年「1943年

冬，我參加南京偽宣傳部召開的全國作家協會籌備會議，認識了胡蘭成。」（《沈啟无自述》）

胡蘭成與周作人好像沒有太深的交往——他說：「前年周作人來南京，官場宴會有兩次我和他在一起，當時心裏很替他發愁，覺得這是一種難受的諷刺。」胡蘭成不像同時代的人那麼一致地贊成周作人，他話裏話外地對周作人不大以為然，連別人一致服膺的知堂文章，胡蘭成也挑毛病「我覺得周作人晚年的文章，造句時或夾入之乎者也，自稱為『不佞』，也是一個小毛病。可是學他的人似乎正喜歡這些。」（〈談談周作人〉）我甚至於覺得連題目中的「談談」亦含不以為然之意，此處用「談」字已不甚妥，用「談談」就近乎不敬了，胡蘭成此文一開始說：「隨手翻翻《苦竹雜記》，覺得周作人實在是大可佩服的，雖然有著一些保留。」知堂文章在胡蘭成眼中只合「隨手翻翻」，天下只有張愛玲寫的東西能夠教他——「翻到一篇〈封鎖〉，筆者張愛玲，我才看的一二節，不覺身體坐直起來，細細地把它讀完一遍又讀一遍。見了胡金人，我叫他亦看，他看完了贊好，我仍於心不足。」（〈民國女子〉）張愛玲給上海之外的雜誌寫文章，除了《古今》，就是《苦竹》，兩者的原因大不一樣。

《苦竹》是在胡蘭成在南京的家裏辦的。過去年代的雜誌許多是沒有辦公場所的，收稿件的地址留的是私人寓址，辦刊物的一應雜活，約稿，看稿，校對，跑紙，跑印刷，多是一身擔之。《苦竹》版權頁留的苦竹社址：「南京石婆婆巷廿號」，我讀《今生今世》，讀到這麼一段驗證了胡蘭成的家就是社址「她（佘愛珍）也到過南京丹鳳街石婆婆巷來看我。那時我家裏可是簡單得像中學教員的一樣，記得是春天，忽一日下午吳太太（佘愛珍）帶了她的女侍從沈小姐來到，我又喜歡，又敬重，只覺得這樣的客廳與她諸般不宜，連沒有留她多坐一回。」

過去我寫《苦竹》曾有過疑問——「不知道『夏日之夜，有如苦竹；竹細節密，頃刻之間，隨即天明。』是如何構思到《苦竹》封面上去的？是出自誰的好主意？一首絕佳的題畫詩。」而現在，我大致弄明白了這首詩是誰寫的和它是如何安排到封面上去的，其實，我當初如果讀書細緻一點的話，這個「不知道」根本不應該發生，下面提到的幾本舊書刊我原是都存有且都是常置手邊的。周作人在〈島琦藤村先生〉裏寫道「案此係西行法師所作，見《山家集》中，標題曰『題不知』，大意云：夏天的夜，有如苦竹，竹細節密，不久之間，隨即天明。在〈短夜的時節〉文中也引有此歌，大約是作者所很喜歡的一首，只是不可譯，現在只好這樣且搪塞一下。」（1943年8月23日）這就很明確了，此詩是日本人原作周作人譯過來的。〈島琦藤村先生〉原刊《藝文雜誌》一卷四期（1943年10月），這本雜誌的主編是周作人，此文後收入《藥堂雜文》（1944年1月北平新民印書館初版）。周作人的這篇文章被張愛玲看到了（張愛玲是在《藝文雜誌》上看到的還是在《藥堂雜文》上看到的？都有可能。）張愛玲在〈詩與胡說〉中寫道「周作人翻譯的有一首著名的日本詩：『夏日之夜，有如苦竹，竹細節密，頃刻之間，隨即天明。』我勸我姑姑看一遍，我姑姑是『輕性智識份子』的典型，她看過之後，搖搖頭說不懂，隨即又尋思，說：『既然這麼出名，想必總有點什麼東西罷？可是也說不定。一個人出名到某一程度，就有權力胡說八道。』」（《雜誌》十三卷五期1944年8月）對照一下，會發現張愛玲把原詩改了兩個地方，我說改，是因為不大可能是抄錯的。第一句「夏天的夜」改成「夏日之夜」；第四句「不久之間」，改成「頃刻之間」，兩個都改得好，念起來更順口。《苦竹》的封面畫是炎櫻畫的，但張愛玲很大可能是參與意見了，這首日本詩十有八、九是張愛玲安排上去的。還有一個情況也值得一說，沈啟无也提到過此詩，他在〈南來隨筆〉裏寫道「也就是去年秋天的現在，我在朋

友的家裏，他要我寫一首日本人寫的詩，『夏日之夜，有如苦竹，竹細節密，頃刻之間，隨即天明。』這真是一首好詩，表現日本人樸實的空氣，譯成中文，我們也很得一個瞭解。」周作人譯詩，張愛玲改詩，有朋友請沈啟无寫詩，不串起來看不出有什麼異樣，我覺悟遲了。

周作人曾説：「《嘉泰會稽志》卷十七講竹的這一條云：『苦竹亦可為紙，但堪作寓錢爾。』案紹興制錫箔糊為『銀錠』，用於祭祀，與祭灶司菩薩之太錠不同，其裱褙錫箔的紙黃而粗，蓋即苦竹所製者歟。我寫雜記，便即取這苦竹為名。」這些雜記先在《大公報‧文藝副刊》刊出，一年後（1936年）結集，書名《苦竹雜記》，列為「良友文學叢書之二十三」。這套叢書外觀一律，偏偏我得一書面不同的《苦竹雜記》，書名為周作人自題，並鈐——「知堂」小圓印，問過多位專家，均搞不明白這封面的來由。

《苦竹》封底是四本書的廣告，有胡蘭成的《今生今世》，廣告稱「即將出版，胡蘭成著，今生今世，散文集，內收文藝散文三十餘篇十餘萬字」，《今生今世》當年沒出成，十多年後的1957年在日本出版。幾乎可以肯定的説現在我們看到的《今生今世》，與1944年的欲出而未出成的《今生今世》不是同一內容的書。還有一個疑問，當年胡蘭成積有「文藝散文三十餘篇」了？有人統計了是不到五十篇，而這裏面沾「文藝散文」邊的還不足二十篇，最初的《今生今世》是何面目，待解。而張愛玲的《流言》如廣告所説「即將出版」，很快於1944年12月面世，《流言》很像是自費出書，那麼《今生今世》當時到底為什麼沒出成，至今無人可解。

重溫百年老漫畫

　　「漫畫」的緣起，一般地説法是起源於「子愷漫畫」——
「1925年5月，豐子愷在鄭振鐸主編的《文學週報》上發表畫作，
編者冠以『子愷漫畫』的題頭，從此開始，『漫畫』一詞在中國風
行，經久而不衰，成為被大眾喜聞樂見的一個畫種。」也有人不同
意這種説法，説早在1916年5月7日，一位署名「方生」的畫家在
《民國日報》上發表了一幅諷刺袁世凱的畫作，即題為「方生漫
畫」，還有1923年11月11日的《晨報》上發表的禾愚的畫作《教
育界的肚子》，也屬有「星期漫畫」的題字。廣東省作協的黃大德
的考證又將上述日期提前了許多，黃大德説在清末（1904年3月17日）
的《警鐘日報》上已出現有「時事漫畫」的欄目。如此的話，「漫
畫」在中國至少有百年歷史了，舊夢重溫老漫畫，實在算是有趣味
有意義的一件事呢。

　　清末民初，在使用「漫畫」這個能用名稱之前，凡在報刊上
發表的帶有政治或社會寓意的畫，曾經使用過「諷刺畫」、「滑稽
畫」、「寓意畫」、「笑畫」、「諧畫」、「時畫」之類的名字，
只是大約到了上世紀二、三十年代，才一統歸順到「漫畫」門下。
曾見一十年代一幅「諷刺畫」《中國全圖》——「其圖畫一梯，梯
巨而長，不知幾何級數。每級之中，畫數人作中國衣冠狀貌。下一
級之人，必向上一級作拜揖狀；上一級之人，必伸足向下一級作踐

踏狀。層層如是，級盡乃止。」旁邊有一行評語：「吾聞繪圖者，惟能繪其外狀，而不能繪其內情，今為此圖者，乃能將國人媚上凌下之情狀一一繪出，可謂繪圖能手。」諷刺畫隱喻勸懲之功效，一開始就鋒芒畢露。本人藏有一幅「滑稽畫」，作者是昔年上海灘極負盛名的月份牌廣告畫家周慕橋。畫中人物，對襟布衫，禿頂長辮，渾沌沌茫茫然不知電燈為何物，叼著長煙袋鍋子衝著電燈泡，想「對個火」。不管是諷刺畫滑稽畫，畫法都承傳古風，筆觸細潤精到，傅色鮮麗，不似後來的漫畫那般散溫誇張，隨心所欲。畢克官說：「我國繪畫史上最早出現的一位著名諷刺畫家是石恪，四川成都人，生活在五代十國至北宋初年，作有《鬼百戲圖》、《鍾馗氏圖》、《玉皇朝會圖》」。文獻記載石恪「恪性不羈，滑稽玩世，雖豪貴相請，少有不足，圖畫之中必有譏諷焉。」漫畫如同其他畫種一樣，有其自身發生發展的軌跡，有其特立獨行的生命鏈，從來沒有一個畫種是橫空出世，突降人間的。漫畫是從諷刺畫滑稽畫那邊轉化演變而來的，這一點該是沒有疑問的，只不過現代漫畫或多或少吸取了西洋漫畫的技法，而更早的漫畫是以中國傳統的水墨線描畫法為主體的。

百年漫壇路漫漫，俊傑輩出，星光耀眼，名家、名畫、名刊、共築輝煌。限於篇幅，只能說說幾個代表人物。代表畫刊，代表漫畫。

張聿光（1885-1968），字鶴蒼頭，浙江紹興人，自號「冶歐齋主」。1904年在上海華美藥房畫照相佈景。早年習中國畫，宗任伯年筆法，作有大幅花鳥畫《百鶴圖》等。1909年開始為《民呼畫報》等報刊畫漫畫。後曾任上海美專教授，新華藝專副校長，1935年出版《聿光畫集》。世稱張聿光為漫畫界的「祖師爺」。張聿光的漫畫，反清的政治傾向非常鮮明，反帝愛國始終是張聿光漫畫的主線，大野心家袁世凱是張聿光重點抨擊的對象，如代表作《袁世

凱騎木馬》。張聿光的漫畫在畫法上以黑白線條的中國寫意人物畫法為主，在畫面的局部也吸取一些西洋的鋼筆畫技法。漫畫家黃苗子評論：「張聿光那種豪縱有力的風格，當時很受讀者的歡喜。」

錢病鶴（1879-1944），浙江吳興縣人，本名辛，又名雲鶴。擅長中國人物畫，早年出版一部《病鶴叢畫》。後轉攻漫畫，作品大多發表在上海的《民權畫報》、《民立畫報》、《民國日報》及《申報》等。1913年發表長達百幅的漫畫組畫《老猿百態》，鄭逸梅說：「病鶴在《民權畫報》上繪《百猿圖》（即老猿百態），一如連環畫式愛期揭載，把袁世凱的詭計，醜化為老猿的活動。」此畫遂成為一部具有重大社會意義的代表作品。

沈泊塵（1889-1920），浙江桐鄉人，自幼「穎慧好繪事」。沈泊塵曾向畫家潘雅聲學習中國傳統繪畫，既能畫寫意畫也能畫工筆線描，其所作《紅樓夢圖》、《新新百美圖》頗有社會影響。有評論說：「沈泊塵是五四時期具有代表性的影響最大的漫畫家」，有統計說他發表的漫畫在千幅以上，可惜英年早逝，31歲便因病去世了。沈泊塵還創辦了我國第一個專門的漫畫刊物──《上海潑克》（又名《泊塵滑稽畫報》）

黃文農（?-1934），上海松江縣人。16歲進上海中華書局，當一名石印描樣學徒工，不久被書局文學部部長黎錦暉看中，調到《小朋友》雜誌任美術編輯。1925年年初，被上海《晶報》特約為漫畫作者，隨即又被《東方雜誌》特約為漫畫作者。所以有評論說「黃文農是與豐子愷同時開始漫畫創作並同時聞名於社會的漫畫家。」黃文農的漫畫矛頭直指帝國主義侵略者，封建軍閥，他在1929年第75期《上海漫畫》封面發表了著名的《大拳在握》（後考慮到當局的審查，發表時改名為《蔣主席》），像這樣的漫畫，在當時確實屬於匕首投槍般尖銳之作。黃文農的漫畫，幾乎都用邊框，而且很喜歡用「文武線框（即一粗一細）形成了他漫畫獨特的形式美。黃文農1927

年出版了第一本個人畫集《文農諷刺畫集》，1929年又出版了第二本漫畫集《初一之畫集》。

張光宇（1900-1964）江蘇無錫人，作為中國漫畫史上的重要人物，早在二十年代末期就頗有名氣了，到三十年代中期，張光宇不僅以作品，同時也以漫畫界的組織者的領袖作用受到人們的擁戴。解放以後，每年的中央工藝美術學院的主考官都會在口試時向考生們發問：「知道張光宇是誰嗎？」

魯少飛，江蘇省上海縣人，生於1903年。17歲即開始在《申報》投稿，發表《戰神崇拜狂》，《弄玄作假的藝術家》等諷刺畫。1928年魯少飛發表長篇滑稽連環漫畫《改造博士》，轟動一時。魯少飛不僅由於是二三十年代的著名漫畫家而引人注目，更由於他是中國最有影響的漫畫雜誌《時代漫畫》的主編而載入史冊。魯少飛的大型漫畫《文壇茶話圖》至今猶備受關注，此畫當稱漫壇精典之作。

現代紙質傳媒利器——期刊的誕生，為漫畫的發展提供了廣闊的舞臺和生存空間，如同文學家的創作離不開文學期刊一樣，漫畫家也離不開漫畫刊物。百年漫史，頗有一些名垂刊史的漫畫雜誌留了下來，見證著漫壇先行者篳路藍縷的拓荒之功，使其成為一座永不銷蝕的碑碣。

《上海潑克》，創刊於1918年9月，沈泊塵主編，共出四期。創刊號上《本報之責任》云：「今日我國，烽煙四起，枕骸遍野，南北之爭未已，而國家已危如累卵。本報不幸而產生於燕巢危幕之時，其第一步之責任，即當警惕南北當局，使之同心協力，以建設一強國統一之政府。此外無奢望矣！」本刊每期約四十幅漫畫，中英文對照。精彩之作有《十年老女猶畫娥眉》（諷刺軍閥徐世昌），《吞雲吐霧》（疾呼禁煙），《老虎鉗中之德皇》（國際時事）。本刊是我國漫畫期刊出版史的開山之作，《申報》評論它：「《上海潑

克》產生以後，社會上亦甚注
意，其第一期在長江一帶銷行一
萬冊，其中中英文著作皆出自一
時名手，琳琅滿目，美不勝收，
為近代中國月刊中別開生面之傑
作也。」

《上海漫畫》，創刊於
1928年4月，是一份大型8開張
石印彩色漫畫刊物，每期四頁八
面，其中四面為彩色版。斜肩胖
型的刊名字為張光宇所書。其欄
目有：政治漫畫，風俗漫畫，漫
畫肖像，連環漫畫，新聞照片，
風情照片，名媛照片。葉淺予的
著名長篇連環漫畫《王先生》即
首發披載於《上海漫畫》，自創
刊號至終刊號（第110期）連載，
堪言漫史上一大奇蹟。三十年代
著名漫畫家汪子美在〈中國漫畫
之演進及展望〉一文中說：「能
以集團群的開拓作小規模的舉
創，正式向新的時代弄姿，對
舊的遺存示威的先鋒隊，應當
是中國美術社出版的《上海漫
畫》。」一本漫畫老雜誌獲此殊
榮，也只有《上海漫畫》一家

圖上：《上海漫畫》書影。
圖下：《漫畫界》書影。

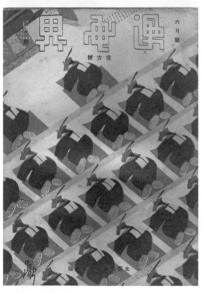

得到了。舊書店中，一冊原版《上海漫畫》開價300元，屬珍品之物了。

　　如果説一十年代最重要的漫畫刊物是《上海潑克》，二十年代是《上海漫畫》，那麼三十年代最重要的就非《時代漫畫》莫屬了。《時代漫畫》創刊於1934年1月，魯少飛主編。創刊號封面由張光宇設計，畫面由「文房四寶」組合成一個騎士，並言：「這一期封面的圖案，以後用作我們的標識，表明『威武不能屈』的意思」。創刊號印數一增再增，累計達一萬冊，在當時一般刊物發行兩千本已是可觀的數目了。《時代漫畫》是在「九・一八」事變和「一・二八」淞滬戰事之後出版的，所以抗日愛國的內容，成為本志的一個重要內容，如魯少飛的《不自然的調整》、《魚我所欲也》，華君武的《鄰國相望，雞犬之聲相聞》，黃文農的《嘔吐狼籍》，竇宗洛的《民眾自治的一個場面》等。《時代漫畫》地處漫畫大本營的上海，卻十分注意團結聯繫全國範圍的作者，像當時初出茅廬的丁聰，廖冰兄，張樂平，余所亞，胡考，黃苗子，張仃，

圖右：汪子美黑白漫畫《黃柳霜與陳查理》。
圖左：陸志庠彩色漫畫《上海禮讚》。

王樂天，黃茅，陶謀基都可以在版面安排上與老畫家們平起平坐，或整版或整版套色發表作品。有評論說：「《時代漫畫》的產生，可以説是中國漫畫新興的轉機。」還有評論説：「如果當年沒有為期三年的《時代漫畫》，中國三十年代以後的漫畫史將會是另外一個寫法。」

那是一個漫畫時代，那是一個名作迭出的時代。如果開列一份清單，叫後人記住這份寶貴的文化遺產，那將是厚厚的一冊巨書，筆者能作的，只是掛一漏萬地開張簡目：張光宇的《民間情歌》，葉淺予的《小陳留京外史》，丁聰的《現象圖》，豐子愷的《人散後，一鉤新月天如水》，張仃的《野有餓殍》，黃堯的《牛鼻子》，魯少飛的《文壇茶話圖》，車輻的《成都花街之特寫》，朋弟的《老夫子》，汪子美的《鳥語花香仕女彷徨日・神哭鬼嚎災民吶喊年》，張樂平的《三毛流浪記》，米穀的《偽金圓券》，曹涵美的《金瓶梅百美圖》，廖冰兄的《教授之餐》，張諤的《老子天下第六》，謝趣生的《招魂曲》，胡考的《上海人物》……。

電影百年，影刊缺席

中國電影迎來一百年慶典（1905-2005），當這個時刻真正來到時，我們才發現，百年慶典的各項活動中，民國電影刊物的缺席，是如此地扎眼，如此地尷尬，無可奈何花落去，揪心揪肺地痛失。我們可以用各種方式紀念與慶賀「一百年」這個偉大的數位，這些方式中，幾百種耀人眼目的民國電影刊物的集結，展示，串連，闡述，無疑是一個特別精彩的方式——紀念一百年前半程的最佳模式。一百年後半程的影史，除了電影刊物，還有更直觀的慶祝方式，——直接放映老電影再找老影星懷懷舊就得了。而前半程的影史，雖然也產生了約千部的電影，但更多的電影只剩下了一個名字，拷貝與膠片卻蕩然無存，能夠達到放映質量的拷貝少之又少，那些老一輩的電影明星也無法活得足夠長來口述電影過去的光輝（黎莉莉是個極罕見的例外，這位默片時代的明星，今年九十高壽，只比中國電影小十歲。）。如何再現當年的電影盛況；瞭解與欣賞早年間的電影與電影人，沒有太多的手段，我們只能依靠倖存下來的電影雜誌電影畫報這些紙製品了。雖然這些「斷爛朝報」無法代替生色活香的電影，但總算是為中國電影歷史保存下來聊勝於無的圖文資料。許多再也無法親見的老電影只有通過閱讀電影雜誌才得以留傳下來一點人物鏡頭及故事情節的片斷，某些資料甚至因其絕頂的珍罕性可以提格上升為「文獻」一檔呢。要明白，電影歷史的一大部

分細節（創作緣起、劇情介紹、影人花絮、影劇評論等）也只能依靠這些倖存下來的電影紙質數據來彰顯並傳遞下去，捨此無他途。我寫過一篇「尋訪《十三號凶宅》」的文章。《十三號凶宅》是中電三廠1948年在北平拍攝的一部凶案電影。舊北平素有「四大凶宅」之傳說，我極感興趣，這《十三號凶宅》確有歷史故事為依據，而且原址仍存。我無法看到《十三號凶宅》的原版電影，亦不詳其故事情節，甚牽腸掛肚。某日以高價購得一冊民國影刊，目錄頁上赫然寫著「《十三號凶宅》本事」，一下子解決了我的困惑，「十年之癢，為之一搔」。

電影史家視為最珍貴的原始資料乃是同影片的攝製同時代的資料。這樣的原始資料歸為三大類：

一、書面的原始資料。

二、口述的原始資料。

三、膠片上的原始資料，亦即影片本身。

這三類原始資料中，我以為，唯有書面原始資料，尚存搶救的一線生機，本文之目的，亦即在此。

自1920年1月在上海出版了中國影史第一本《影戲雜誌》至1949年的近三十年間，共計出版了約六七百種電影刊物（包括戲劇刊物、戲劇電影綜合刊物、電影副刊、電影專號、電影特刊、年鑒等）。這樣一筆寶貴的電影資料在上世紀六十年代初進行的一次大範圍統計調查中，已發現庫存的嚴重缺失，不少影刊僅是「存目」而未見實物，有些「全套」刊物卻殘缺不全。有一件事很能說明電影史料散失的嚴重程度。

田漢是上世紀三、四十年代著名的劇作家、戲劇運動的領導人和組織者，自1926年自編自導的《到民間去》至1949年的《麗人行》，二十多年間，田漢參與了大量電影製作的策劃及活動。1958

年，《中國電影》編輯部與中國
電影史研究室邀約田漢撰寫電影
回憶錄。為了能夠集中精力安心
寫作，田漢專門搬離京城至西山
八大處一處，住在一間十一平方
米的小房間裏。中國電影史研究
室雖然早在建國初期即搜集電影
資料，但是每次能夠提供給田漢
寫作的資料——「有時只是一兩
本過去的電影週報或特刊之類；
有時，則只是一張發黃了的、甚
至是殘缺不全的說明書」。田漢
能夠把他所親歷的十幾部影片的
歷史背景和創作情況，用文字敘
寫出來，最終完成《影事追懷
錄》，主要依靠的是自己苦苦
的追憶。經常可以在書中讀到
「大約」、「我忘了」、「好
像」、「不記得了」、「記憶模
糊了」、「完全想不起來了」、
「怎麼也記不起來了」、「由於
手邊沒有這方面的材料」、「虧
著殘留的《電通半刊畫報》」，
完全可以想像，如果原始資料充
足的話，田漢這位早期電影的實
踐者的回憶錄將是多麼厚實的一
冊書。

圖上：《電影》雜誌封面人物白光。
圖下：《電通》封面人物王瑩。

圖上：《新影壇》封面周璇，這張經典照相
　　　被商家用於各種廣告。
圖下：《時代電影》封面人物陳燕燕是青春
　　　偶像。

五十年代的情況已是這樣，
又經歷幾次大規模思想運動，最
徹底的十年浩劫，電影界這個
「重災區」已是傷痕累累，體無
完膚矣。各種電影資料不僅作為
「封資修」的玩藝兒家家戶戶自
覺地銷毀，而且上升為一種清剿
活動。由於某些三十年代電影畫
報涉及當時掌大權的江青的歷史
背景，更是演變成能夠招致殺身
之禍的「反動刊物」，從上面就
明令清繳。如田漢提到的《電通
半月畫報》，由於刊載了多幅藍
蘋（江青）的劇照、便裝照，還
有特別醒目的大幅封面照，成為
首當其衝的「禁毀」影刊。當年
即有人因為保存了《電通半月畫
報》而引禍上身，范用在他的新
書中專門詳談了一段觸目驚心的
《電通半月畫報》往事。張春橋
在寫給江青的一封密信中有一段
令人不寒而慄的話──「另外，
從一個反革命家裏搜查到您的一
張照片，還有一本反革命刊物，
一併送上。」這裏所指的照片和
反動刊物無非就是載有藍蘋圖片

的電影畫報。一本普通的畫報帶來的卻是滅頂之災，誰還敢收存它們呢？

電影刊物的命運與時代共沉浮，直到了電影百年的大門口，人們才發覺裏面缺席者、空位者太多太多。另外一位中國電影的重量級人物夏衍，關於他的電影活動的資料也損失慘重。在《夏衍電影道路》畫冊（1985年版）的「編後記」有這麼一段話：「經過十年動亂，無論是單位或個人，保留的許多檔案與照片都遭到嚴重損失，使工作遇到很大困難。」陳荒煤在給《中國電影史》（1980年第二版）的「重版序言」中也指出：「被誣指為大毒草的《中國電影發展史》的紙型被毀掉，所有印好並已發行的書要收繳，追回，打成紙漿，全部銷毀；緊接著，作者經過十多年搜集起來的有關中國電影的歷史資料，也被用數輛卡車全部掠走（至今大部未能查明下落）。這樣氣勢洶洶，殺氣騰騰，說穿了，無非是江青為了掩蓋她在三十年代的一段歷史。」

電影史料之散失損毀，茲事體大，自該有更權威更具力量的部門去重整補修，以接近歷史的原貌。而本人在二十餘年前憑藉個人之興趣搜求民國影刊，舊書店尚配合供應，惜乎當年缺乏「超前意識」，加之資金有限，未能做到「有多少買多少」。九十年代拍賣業勃興，價格日益市場化透明化，舊書店的方便之門不似往日之洞開，購藏起來已十分困難。好在自己一直不懈地從冷攤、個人藏家、網路拍賣中一點一點積聚，始稍具電影史料專題規模，甚至可以妄自誇示一句，田漢當年撰寫的《影事追懷錄》，鄙人之私藏可以提供大半之材料。

利用二十年積聚之電影資料，我寫出了一本《夢影集——我的電影記憶》，作為一個影迷表示一點對中國電影百年的心意。書中附有彩色圖片達百餘幀之多，不少是首次露布。自以為，從資料角度講，小書不遜於同類的電影書籍，至少在純粹利用私藏成就一本

書這方面，不輸給同行。小書中提到了少有人論及的上海「孤島」時期的電影明星，從電影明星到飛行家的李霞卿、丁聰的早期電影漫畫、三十年代的「電影雜誌年」、周璇嚴華婚變之內幕、亂世佳人李香蘭、珍貴的電影文獻《中國影戲大觀》。聲光色影，驀然回首，中國電影已走過一百年路程，期間有過多少輝煌，亦留下了多少痛苦與遺憾。作為電影藝術的享用者，我們該為這塊寶貴的文化遺產做點力所能及的事，不能總做一個不勞而獲的旁觀者。

藏書家的回憶

現代藏書家的回憶文章，我喜歡讀周越然（1885-1962），不哀不矜，不掉書袋不墜八股，尤其難得的是，那麼多珍貴藏書（古書一百六十餘箱三千餘種，西文書籍十六櫥五千餘冊）連同「五十方丈」的「言言齋」私宅一次性毀滅於「一‧二八」戰火，沒見到周越然怎麼哭天搶地痛不欲生，最多一句「言言齋之被焚，實是天意，而非人力所能挽回。」與周越然的遭遇幾乎同一版本的豐子愷的「緣緣堂」，豐子愷傾訴了多少文字？

周越然寫自己藏書經歷的書有三本，《書書書》（1944年5月），《六十回憶》（1944年12月），《版本與書籍》（1945年8月）。這三本書的原版本現均為藏書者心中的珍籍。

在《六十回憶》的自序裏，周越然說「我年六十，生平所作所為，雖

周越然照相，約攝於1943年。

有滑稽可笑者或悲哀可泣者，然絕無與國家政事有關者；故無資格作一自傳以教導後人，只可寫些趣事以款待閱眾。」周越然對「自傳」與「回憶」的界定十分正確——「自傳與回憶不大相同。自傳是正式的，回憶是隨便的。自傳注重年月，回憶可無年月。自傳整齊有序，回憶零亂瑣碎。換句話來講：自傳是教導後人的歷史，回憶是款待閱眾的雜文。」

我還同意周越然的另一觀點——「不論男女，不論貧富貴賤，到了花甲之年，總記得些關於一己的過去之事。倘然他們把那些記得的事情一一寫出來，必然有不少動人之處。乞丐討飯十年，必有他奇異的見聞。小販挑擔半世，也有他特別的經歷。」但是這話裏有不夠現實的地方，乞丐擔販如何動得了筆來描繪風來雨去的一生？

《六十回憶》裏純粹談藏書的有〈文房三寶〉，〈言言齋〉，〈購買西書的回憶〉，〈編輯之味〉，〈模範小史〉等篇。難得的是《言言齋》中有三張圖片，從三個角度給我們留下了這座三十年代藏書樓的外表，只可惜缺一張內景的。中國的藏書家大多缺少對書宅內部陳設的細化描述，大概是怕被指摘「玩物喪志」，總是沒結沒完的「就書論書」，一點不敢伸展「藏書」的外延趣味。對自己心愛書室的精細描寫，僅見豐子愷，朱湘，施蟄存等有數的幾篇。

周越然是靠版稅富起來的，因了豐厚的版稅進項，周才買得起很貴的古書蓋得起藏書樓。敢於談錢談收入，此處，周越然也比守舊的藏書家開明得多，他編輯的《英語模範讀本》當年是暢銷書，細水長流的10%的版稅使得周越然富得流油。紐約的《獨立週報》稱周越然「每年可得版稅約計美金五萬元」，對於這個數字，周越然稱「捧我未免過度」。周自己說過「一·二八事變，公司全毀，停業多月，余以為版稅無著矣。不料復業不及一月，已將一·二八

之前未付清之版稅一千七百餘元送至吾家。商務之誠實可靠，商務之顧全信用，真可令人佩服！」從「一千七百餘元」不難看出，薪俸之外的收入，周氏亦綽綽有餘。

　　《六十回憶》內與書無關的篇目亦多頗可一讀者，如〈初戀的我〉，〈惟酒無量〉，〈逃難記〉。周越然喜歡喝酒，自謂「四十年來，所飲之酒，總在三千斤以上。」他奉行的飲酒觀是「能飲而不常飲，喜酒而不貪酒。」最煩的是這號酒鬼「嗜飲而近於無賴者。」並且從自己的藏書《忍不住》中引一掌故譏諷此類人──「某嗜酒賴漢自友宅暢飲而歸，友送其出門，至門首，某詫曰，頃至尊門，見有老樹排列，今何無也？友曰，君醉矣，門前向來無樹。某曰，哦，我知之矣，我來時係一醉漢耳。」

二〇〇六年書事

我在《搜書記》裏寫過一段話──「我買書算比較多的人，讀過的書或者認真讀過的書卻少之又少，所以我寫買書記遠多於讀書記。總是給自己一個理由，將來會讀的，現在準備著是『蓄書娛老』。為了在讀書與買書之間找一個平衡點，此次寫搜書記是個契機，可以細細查查以前著急八火買的書都讀了沒有？迄今翻過沒有？是不是可以宣佈買書到此為止，讀書從此開始呢。」二〇〇六年，我開始實行這個意思，所以這一年雖然並未「買書到此為止」（其實這句話裏的「止」是做不到的），但是確實不像往年那麼無節制了。至於「讀書從此開始」，檢點一年所讀，也未見比往年多讀了多少，一個人習慣的改變，不很容易的。啟功先生說過「讀日無多慎買書」的話（好像是和張中行在一起時說的），我理解這句話的意思是說給大約七十歲往上的人聽的，我離這個年齡尚遠，卻不妨提早準備，凡事預則立，不預則廢，趁著視力還行的時候多看點書總不會錯的。

二〇〇六年出了三本書，春天一本，夏天一本，冬天又一本。出書多不能說明這一年讀書有多麼用功，趕巧了而已，多是早先寫成的，自己不很滿意，水平有限是實情，這跟勤奮似乎不沾邊，勤能補拙我看未必，方法不對頭，越勤勉就越在錯誤的道上走得遠。我最不滿意的是《漫畫漫話》這本，很少有人寫的題裁本應寫好，

卻被我糟蹋了，就算拋磚引玉吧，也該是塊說得過去的磚，我的磚是塊爛磚頭。《終刊號叢話》，不算太差，是個說得過去的水平，這書的一點價值，還是占了體裁的光——沒有人專門寫過終刊號。三本書裏，《搜書記》似乎受到的關注多一些。昨天有個窮朋友打電話說寫了篇《搜書記》的書評，文章名字嚇我一跳，叫〈壯士斷腕為買書〉，我相信這是朋友的真實讀後感，他也被我的買書嚇壞了，因為他從不買十塊錢以上的書。這位朋友寫得一手極其漂亮的鋼筆字，是我認識的朋友裏最出色的。有朋友說《搜書記》寫得好，我跟他說，不是寫得如何如何，關鍵是先要有真實的日記，然後是書的框架的策劃，如果沒有那些「補注」，沒有那些圖片，光是流水似的日記，肯定達不到現在這個效果。我很贊成自己的這句話「會不會買書是一回事，買書精神又是一回事。我有時也禁不住為自己當年的行為感動。」

　　說書事，還是離不開買書，邊買邊讀邊寫，我以為是比較好的路數，至於這三者的比重，那就「豐儉由人」罷，邊買邊讀就挺好，只買不讀也不能算做罪過。二〇〇六年，雖然踩了剎車，由於不是急剎車，舊書新書還是買了不少，有的舊書找尋多年才碰上不買絕不成的，如《雪風》雜誌，《越風》雜誌，《這是一個漫畫時代》。還有的很少見的書是朋友送的，如李輝英的《三言兩語》。關於書的書一直是我留意的專題，朋友送我臺灣版《嗜書癮君子》，《神保町書蟲：愛書狂的東京古書街朝聖之旅》。黃裳先生送的精裝本《珠還記幸》是二〇〇六年書事的大事。幾天前去世的黃永年先生，我去年8月31日的書賬記著「《學苑零拾》，黃永年送」。秋天跌了一大跤，不良於行，朋友送了一本外國小說《八百萬種死法》，意在書可療傷。

掌故座談會

1944 年11月1日，《雜誌》社召集了一次座談會，這次是以「掌故」的名義，真虧誰想得出這個冷僻名目，被邀請到的均為有資歷談掌故的前輩：包天笑（此時已六十九歲），錢芥塵，周越然，徐卓呆，還有三位日本人，一位是福間徹，一位是松平忠久，另一位是中國讀者熟知的內山完造先生。雜誌社的魯風，吳誠之，吳江楓參加。

「掌故」的本義原是「一國之舊制，舊例。」，慢慢延申為凡已過去了較長時間的歷史人物的軼聞趣事，某朝某代的典章制度故實，風土人情之沿襲變遷都列入掌故的範疇。舊人舊事舊世舊聞，加上老派筆法，便生成了一個新的專門的文體，在當時，有二位被認為是寫作掌故最地道的專家，一位徐一士先生，一位瞿宣穎（兌之）先生。徐一士的《一士類稿》，瞿先生的《人物風俗制度叢談》被奉為掌故經典之作。

瞿兌之說過：「掌故之學究竟是什麼呢，下定義殊不容易。但從大體說來，通掌故之學者是能透徹歷史上各時期之政治內幕，與夫政治社會各種制度之原委因果，以及其實際運用情狀。要達到這種目的，即必須對於各時期之活動人物熟知其世系淵源師友親族的各種關係與其活動之事實經過，而又有最重要之先決條件，就是對於許多重複參錯之瑣屑資料具有綜核之能力，存真去偽，由偽得

真。這種條件，本來是治史者所當同具，但是所謂掌故學者每被人看作只是胸中裝有無數故事的人，則掌故之學便失去真價值，所以既稱治掌故，則必須根據事實求是的治史方法才對。然而僅有方法而無實踐的經驗，也是不行的。中國的社會本來是由於親族鄉黨主故吏座主門生同學同年乃至部曲賓僚種種關係錯綜而成。六朝人講究譜學，但能將這本帳記在心中，已經成為一種專門技能，後世的人事更加複雜，一本帳也記不清楚，必須會合無數本帳方能足用。最好是一生致力於此。若僅恃臨時檢閱，豈能得當。所以掌故學者之職務，乃是治史者所不能離手的一部活詞典。」（〈論掌故學〉，載《古今》第55期）

瞿先生將掌故上升至學問的高度，如果徐瞿兩位參這次座談，話題可能會沉悶，更多的人還是願意談掌故不妨輕鬆些，大家坐在一起談話肯定比個人悶頭寫有趣，說話與掌故寫作完全二回事。

這次座談的主題是清末民初的文壇掌故，以報刊雜誌與報人作家為話引子。包天笑說到的清末最享盛名的四大小說家和今天的排位一樣，一個世紀也沒改變——《孽海花》的曾孟樸，《老殘遊記》的劉鶚（鐵雲），《官場現形記》的李伯元，《二十年目睹怪現狀》的吳趼人。李伯元主辦過《遊戲報》，包天笑稱他是上海小型報的創始人。李伯元替商務印書館編《繡像小說》，周越然馬上接包天笑的話說：「說起《繡像小說》，我還藏著全部，共七十二期，現在外間很少見，彌足珍貴的了。它是用拷貝紙印，鉛字排的，繪圖非常精緻，每月出版一本，彷彿月刊的樣子。我知道商務印書館倒沒有這樣全部的《繡像小說》了。」周是藏書家，公認的，他的這一番話正是藏家的口頭語——首先是表白「我有」，別家「沒有」或「有之不全」，再者猛誇這東西好猛饞人。我看到這，想到現在的收藏界了。吳誠之建議周越然辦一個小型文獻展覽會叫熟人看看，周馬上說：「是的，我還有二百多張宋版的葉子，

宋版的部頭書，難免是贗鼎，這些單張的葉子，倒都是真正的宋版。」看來，言言齋最寶貴的古書並未毀於戰火。

內山完造最早看的中國雜誌是《東方雜誌》和《小說月報》，松平忠久提到汪精衛在日本編的《民報》，錢芥塵提到梁啟超在日本辦《清議報》《新民叢報》，徐卓呆適有《賣老錄》在報紙副刊連載，他說《民報》在「奇芳」茶館很方便買到，奇芳是文人聚會之地。北平的來今雨軒也曾風光過。掌故會上提到的刊物還有《點石齋畫報》、《時務報》、《白話報》、《浙江潮》、《湖北學生界》、《江蘇》、《同文滬報》，提起的人物有，胡適，戴季陶，蘇曼殊。也許因為這是一次純男人的聚會，道貌岸然的君子們大談青樓韻事，這倒是文人真實的另一面，包天笑在晚年的回憶裏倒不怕自曝年輕時的放浪形骸，那是只有自己才知道的掌故。

于是之的一份手稿

近幾年聽到的關於于是之的消息，都不是好消息，説他健康狀況很不好，不能説話了，已不認得人了，最近的消息來自某晚報——「記者從朝陽法院獲悉，因身體原因，著名話劇表演藝術家于是之的老伴向朝陽法院提出申請，要求法院認定于是之老先生為無民事能力人。于是之老先生年近82歲的老伴在起訴書中稱，1992年，于老開始記憶力衰退，反應遲鈍，到1996年前後説話寫字已經困難。

此後的幾年，于老一直處於癡呆和癲癇狀態，目前半身不遂，連自己的親屬都不能辨認。」悲哉，我們每個人都有可能身陷這樣的困境，或遲或早，但是這樣的情況發生在于是之這樣獨一無二的藝術家身上，我們還是難以接受，一個在舞臺上光芒四射的人物，似乎永遠該是光芒四射的形像。

關於于是之的事蹟，讀者知道後半截的為多，對于是之前半截的藝術活動知之不多。于是之一九二七年七月生於唐山，原籍天津市人，早年喪父，後隨母親遷至北京居住，在北平孔德小學讀書，畢業於北師附小。初中就讀於北平師大附中，畢業後因家貧輟學。為了養家糊口，十五歲便四處求人找事做。曾做過倉庫傭工，後當了抄寫員。業餘時間，參加輔仁大學同學組織的沙龍劇團演戲。他演的第一個戲，是一部法國作品，叫《牛大王》，以後還演了《大

馬戲團》、《第二代》等。一九四五年以同等學歷考入北京大學西
語系法文專業，學習不久因失業隨之輟學，從此便正式參加了職業
話劇團體。從一九四六年初至一九四八年底先後在平津等地演出了
話劇《蛻變》、《以身作則》、《孔雀膽》、《升官記》、《黑字
二十八》、《稱心如意》、《家》、《上海屋簷下》及《大團圓》
等。北京和平解放後，於一九四九年二月參加了華北人民文工團作
演員，直至離休。數十年來，在話劇舞臺上塑造了不少性格鮮明的
人物形象，受到觀眾的好評。一九五一年初，在老舍的名劇《龍鬚
溝》中出色地扮演了程瘋子這一角色而蜚聲劇壇。同年八月，又在
歌劇《長征》中扮演了領袖毛澤東，此後又塑造了《虎符》中的信
陵君，《日出》中的李石清，《駱駝祥子》中的老馬，《關漢卿》
中的王和卿，《名優之死》中的左寶奎，《以革命的名義》中的捷
爾任斯基，《丹心譜》中的丁文中以及《洋麻將》中的魏勒等舞臺
形象。特別是一九五八年在老舍名劇《茶館》中扮演的王利發最為
膾炙人口。此外，他還在電影《龍鬚溝》、《青春之歌》、《以革
命的名義》、《丹心譜》、《秋謹》中扮演角色。

　　我能提供一件刊物來顯示早期的于是之的藝術活動，這本刊物
叫《華北文藝》，封面上面有于是之的簽名，還有他親筆修改過的
劇本，這本雜誌的原來主人應該就是于是之了，而那時的于是之一
點名氣也沒有。《華北文藝》，一九四八年十二月創刊於石家莊附
近的冶河鎮，華北文藝界協會主辦，歐陽山是主編，編輯部成員有
康濯，陳企霞，秦兆陽，王燎螢。自第四期（1949年1月）起，遷往
北平出版，改由新華書店發行，同年7月出至第六期終刊。《華北文
藝》的封面由蔡若虹設計，秦兆陽和蔡若虹創造的美術體「華北文
藝」，工整穩健，具有漢字的方型之美。該刊的出版背景是：1948
年8月，晉察冀邊區文聯和晉冀魯豫邊區文聯聯名召開華北文藝工
作者會議，決定兩個邊區文聯合并，成立華北文藝界協會，並創辦

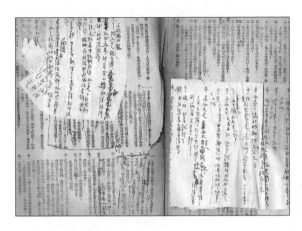

于是之手稿，粘在《華北文藝》裏頁。

《華北文藝》雜誌。該刊主要撰稿人除了上述的幾位編輯外，還有楊朔，王亞平，蕭三，嚴辰，周巍峙，賀敬之，草明，胡可，董均倫，董彥夫等。

我保存的這套《華北文藝》，封面都蓋著「人民文藝工作團圖書室」的公章（這個工作團可能就是于是之供職的「華北人民文工團」），第六期沒有公章，有的是「于是之」的簽名，簽在封面上。在這一期《老王的勝利》（獨幕話劇）的劇本上于是之密密麻麻的手跡，用的是紅黑兩種筆，顯然是在修改劇本，有添寫，還有整段的用筆劃去的刪節，原頁面上不夠地方寫字，于是之就另貼紙條寫修改的內容，這樣的地方有好幾頁，繞來繞去，貼得很亂，估摸只有于是之本人能夠連得上。《老王的勝利》，是以京津地方的土話為主的話劇，這些土話現在的人還真不准能看懂，如「這是為嗎許的呢？」──「露多大臉現多大眼。」──「怎麼一說話老是刺而各幾的？」──「這不結了嗎？」（原話是「那就對啦！」于是之給改了。）

黃苗子的三十年代作家漫像

黃苗子先生（1913-），美術界元老，現在，人們多稱黃苗子美術史家、美術評論家、書法家，而在我的定位中，黃苗子首先是漫畫家，然後才是別的什麼家。黃老九十多歲高齡仍藝事不輟，最近三聯書店出版「閒趣坊書系」，請黃苗子封面題簽。黃苗子小時侯在香港讀書，喜愛詩畫文藝，8歲習書法。12歲從名師鄧爾雅先生學書。後來到藝術之都上海投身火熱的美術漫畫創作，成名於此。黃苗子曾在梁得所主編的《大眾畫報》（1934年），《小說半月刊》（1934年）做美術編輯，畫插圖，畫封面，畫漫畫，紅紅火火，大施拳腳，才華迸發，真是該出一本畫集，專收黃老在這兩本名刊上的畫作（由本人提供底本）。這裏，先把黃苗子在《小說半月刊》的一組「作家漫像」說說，畢竟這七十年前的一段漫壇逸事還連著三十年代的作家逸事。

《小說》半月刊1934年5月創刊，前兩期是月刊（刊名「小說月刊」），三十二開本，貌不驚人，第三期起改半月刊（刊名改「小說半月刊」），面目大變，令人眩目，開本，封面，插圖，版式，無一不風騷獨領，梁得所開創性地把畫報的諸多元素移用到文學刊物上，黃苗子正是從改版的第三期開始參加編輯的（版權頁出現了黃的名字），準確的說黃苗子幹的是美編。其實，在第一，二期已有黃苗子的插畫，第一期屬「黃祖耀」（黃苗子的曾用名），第二期往後就

黃苗子作封面畫的《小說半月刊》。

都是屬黃苗子了。黃苗子的簽名式很特別，只簽「苗」字——「草字頭」拆兩半中間夾一個「田」字，橫寫，仔細看他的「作家漫像」，總會在隱蔽處巧妙地安置著簽名，如魯迅是藏在褲角，周作人藏在領口，王統照藏在耳朵。

「作家漫像」（亦稱「作家漫寫」）自第三期開始連載，每期二到四位作家，先後被黃苗子畫到的作家是（我一直沒搞清楚黃苗子「畫誰不畫誰」的標準，是憑名頭還是憑他個人的好惡？也許黃苗子本無標準，沒畫到的只是沒來得及畫而已）：魯迅，老舍，周作人，朱湘，丁玲，廬隱，冰心，田漢，洪深，歐陽予倩，唐槐秋，邵洵美，徐志摩，劉吶鷗，黑嬰，穆時英，孫福熙，豐子愷，許地山，王統照，共二十人。

在《小說》月刊創刊號上有一條消息「二十九位作家的禁書」，裏面說「中央黨部最近有將二十九作家之作品禁止發賣的通令，所禁書籍計有一百四十餘種，此二十九作家為：郭沫若，

錢杏邨，柔石，魯迅，田漢，沈瑞先，周全平，蓬子，樓建南，丁玲，胡也頻，龔冰廬，蔣光慈，高語罕，森堡，周起應，華漢，洪靈菲，巴金，潘漢年，茅盾，馮雪峰，顧鳳城，王獨清，李輝英，楊騷，陳望道，潘梓年，余慕陶。」我注意到，這二十九位作家出現在畫像裏的有魯迅，田漢，丁玲三位。

　　最先的一組漫像是魯迅，周作人，老舍，朱湘。魯迅和朱湘畫的是全身（他倆之外就都是頭像了），黃苗子在畫像邊加上一段旁白。周作人的旁白很省事，直接用了半年前（1934年1月）周作人作的「五十誕辰自詠詩稿」。到了魯迅那兒，語氣裏有了黃苗子的漫話口吻──「五十多歲的老頭兒，生產於專出師爺的紹興，做過化學和生物學的教書匠，出身是東京的醫學生，而如今，是文壇的權

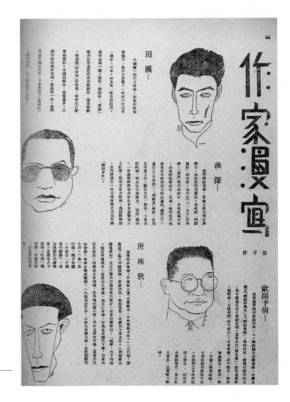

作家漫寫。

威，一個通紅的老頭子。毛鬍子永遠是這樣濃，大褂子永遠是這樣舊，走在路上你最多只當他是個測字先生。可是文章的銳利尖刻，卻是天下所有的武器所不及！雜感文以語絲時代最多，小說則以阿Q正傳最著，為國際所推崇，其譯本現已有英，法，俄，德諸文，文壇的第一把交椅，無論如何也是他的。」

朱湘一年前在上海開往南京的吉和號輪船上投江自殺——黃苗子漫像中的逝者——徐志摩，還有一位逝者是女作家廬隱（兩月前因難產而死），丁玲當時被誤傳已遇害。

除了第一組，其他幾組黃苗子似乎是有意照著「人以類聚」安排的，丁玲，廬隱與冰心三個女作家畫在一起；四位劇作家歐陽予倩，田漢，洪深，唐槐秋畫在一起，黃苗子誇田漢「中國唯一的天才作家，如果你問他要稿子，他可以答應了一年而始終沒有一個字，可是，如果他一時高興的話，他可以在一晚上寫完一個劇本。」；邵洵美與徐志摩，一個「沙龍派詩人」，一個「中國詩聖」，放在一起，不敢說旗鼓相當，一個太知名，一個太不知名；「新感覺派」在三十年代文壇是時髦的代名，劉吶鷗，穆時英，黑嬰三人是領軍的；兩位藝術氣質近似的作家孫福熙，豐子愷一組；最後一組是都去了國外的許地山（印度），王統照（歐洲）。

黃萍蓀編《北京史話》

這是一本在特殊時代背景下誕生的書，同時又是一本非常稀見的關於老北京史料的書。稀見，是因為當年的印數不足1,000本，而特殊的背景是：1949年初北平宣告和平解放，遠在上海的老報人黃萍蓀敏銳地捕捉到新舊時代分水嶺所帶來的出版商機，他馬上創辦了雜誌《四十年來之北平》，向獲得新生的人民介紹1949年之前的40年舊北平各方面的情形。雜誌剛一面世，新中國決定定都北平，並改「北平」為「北京」的消息就傳到了上海，黃萍蓀馬上將雜誌改名為《四十年來之北京》，以表示歡迎新時代的良好祝願。雜誌出了3期即告停刊。停刊後，黃萍蓀總結經驗教訓，努力

《北京史話》封面畫是六位畫家的合作。

拋棄舊思想，試圖團結一班舊的文史工作者來為新社會做點貢獻。在這樣的背景下，《北京史話》誕生了，它的面世是以書的形式而不是以雜誌形式。《北京史話》1950年12月出版，印數寥寥，半個多世紀以來，似乎未見有人提起過這本書。

《北京史話》大32開本，共120頁，它的封面構思非同一般，是六位書畫家集體創作的結晶：胡亞光畫毛主席肖像，周圭畫毛主席衣褶，申石伽畫松樹，陳從周畫磐石與和平鴿，唐雲畫芍藥，沈尹默題寫書名。這樣的一頁封面也許是多位藝術家合作的經典書衣，在書籍裝幀藝術史上亦可稱為精品，惜多年來似從未露過面。

對於這張封面畫合作的過程和細節，不知這幾位藝術家有無留下只言詞組的回憶文字，如有，那一定是非常有趣味的掌故了。

《北京史話》原計劃出上、中、下三編，但只出了一本「上編」即告結束，畢竟新時代百廢待興，需要適應的地方太多了。書中只有7篇文章，皆為史跡資料性極強的長文，如〈從帝王之都到人民之都途中一瞥〉（堯公）、〈東交民巷與帝國主義〉（江聲）和〈北京的科學運動與科學家〉（胡先馬驌）等。

作為一個舊社會的報人，黃萍蓀努力靠近新時代的意圖還是應該肯定的，他總是擔心辦刊物出書會有「復古」之嫌，遂在每篇文章前面黃萍蓀都要作一篇「編者識」，代替作者表明觀點。

從封面構思到保存北京史跡文化資料，再到反映解放初期的知識份子心態等諸方面而論，《北京史話》都是值得重新評介，而不該被埋沒的一本書。

八道灣訪知堂老人

1941 年秋，1942年秋，袁殊（君匡）兩度去北平。「去年，也在差不多的時候，我因為在江南地區感到了疲於奔命的勞倦，曾悄悄地和一位日本朋友的×君，有過二十天的華北之遊。」（〈古城的遲暮〉）1941年的那次北平之旅，袁殊二人遊覽古跡名勝，吃風味小館子，訪舊書攤，遍嘗古都秋色，漫步在白楊古道，沉浸於歷史的深處「忘卻了眼前的現實」。

他們忽然想到該去訪問齊白石老人，不想託人介紹，只以外來遊客和求畫者的面目去就是了。白石老人的住處他們是不知道的，巧的是，在琉璃廠一家湖南筆莊裏，給袁殊問出了確切的地址。第二天兩人雇了輛洋包車，把地址交給拉車的「大概經過西單，去到裏巷裏面，走了又走，找了又找，終於在一個頗為荒涼的胡同，停車在一個低矮的牆門之前。」那天，白石老人「正在小病中」，但還是接待了來客。袁殊求畫，白石老人問要四尺的還是六尺的，價格是二十元一尺，還問畫什麼內容。袁殊說要六尺的一人一張，希望老人給畫的是生物。白石老人說「本來二十元一尺，應該是一百二十元一幅。但你們是從上海來的，我特別優待，每幅少算二十元好啦。」（120元在當年是個什麼概念？）老人又問如何題款。先交了一部份「畫例」，約定了取畫的日子。到了那天「是個小陽天的下午」，倆人到齊宅，日本朋友那張已題好了款，袁殊那幅是

當面現題的，畫面是七隻螃蟹，老人自署「九九翁」，還說「這是一幅八尺的紙。」袁殊二人在畫例上得到了讓價，紙幅上又占了便宜，當然很受感動。把畫錢交給老人，白石老人親自點數，收好，又招待他倆吃花生，並叫管事的去雇車，還代付了車費，袁殊覺得「這老頭兒一點也不脫俗。」這個秋日的遲暮，今天看起來就像是白石老人的一幅小寫意。我曾家住太平橋畔三十年，太平橋有鴨子廟（舊稱鬼門關），齊白石住的跨車胡同斜對著鴨子廟。如今那裏全拆光了，只留下孤零零的齊白石故居，朝朝暮暮伴著已離去半個世紀的畫魂。

　　1941年的那趟北平之旅，袁殊也沒忘了去看看八道灣的知堂老人，但是「因為他已經是教育總署的督辦，有了官的身份」，袁殊「打消了去看他的念頭。」1942年這趟，情形有所不同，袁殊主辦了《雜誌》，「這一次頗有因公而請教的意思，所以正式拿了官銜的名片，先到衙門裏去找他，然而他不在，由於門房的指點，即時轉到八道灣，而他又出去開會了。周先生也成了忙人，時勢使然，

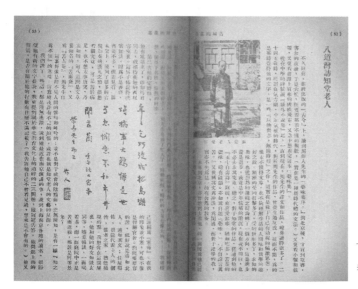

《八道灣訪知堂老人》版面。

時代的力量是偉大的。」初訪不遇，袁殊留下名片。第二天，周作人打來電話，袁殊即和「馬君」同往（馬某是什麼人，不得而知），被知堂老人招待在西屋客室，「漫無邊際」地閒聊著，聊到「他最近在南京演講的事」（注：1942年5月13日周作人在南京中央大學講演），周作人問來客，「上海的報紙，是否有關於他的行動有什麼不滿記載？」知堂老人亦自知這一時期，拋頭露面地過多了。袁殊告訴周作人他不曾看見過，想來是不會有的。臨到快告辭之時，袁殊向知堂求字，周作人用「和楮」（日本製的專為題贈用的紙片）錄了一首近作給他：「年年乞巧徒成拙，烏鵲填橋事大難，猶是世尊悲憫意，不如市井鬧盂蘭。」題署「作人」，鈐「知堂五十五之後所作」朱文印。（此詩寫作時間是1942年7月18日，見《周作人年譜》）幾年後（1946年5月26日）周作人以「漢奸罪」被解往南京，據說在飛機上周也是錄了這首詩「抄示於人」。

　　袁殊到底還是約來了自稱「近來並不是不寫文章，是無所可寫。」的周作人文章，雖然晚了些，周作人在《雜誌》上的第一篇是〈關於祭神迎會〉（載1943年9月號）。袁殊的〈八道灣訪知堂老人〉未見收入近年來很熱鬧的各種談周作人的書裏，這一張「知堂老人近影」不知是不是袁殊當時拍照的，神情頹喪，很委靡的樣子，雙腳斜立，身上灑落著斑駁的樹影。

後記

我為這本書配了八十張圖片，這是個「讀圖時代」，被我恰如其分的利用了。我早已習慣了在書裏放圖片，我出的書沒有一本是沒圖的，最過份的一次是三萬文字卻配了二百三十張圖，止庵先生說我，你能不能出本不帶圖的書。早有學者譏諷我們的作法是「書衣之學」。有的書確實不需要圖片的幫襯，可我的書不行。圖文書現在名聲不好，並非圖片之過，我堅定的認為是人之過，——是蹩腳的美編沒有能力把圖片安頓至剛剛好。對於帶圖的書，我還是以前的想法，不求最好，力避最差。

圖片第一，文字第二；是我的觀點。圖片（包括封面）的優劣一眼就能看出來，文字則隱蔽得多，而我們傳統的觀念是：一個錯字也不容忍，圖的美觀與否卻無足輕重。文字的對錯有硬性的尺度；圖片則沒有，這使得那些缺少審美的泛泛之輩很容易脫身。比之文字，圖片處於弱勢，同情弱者，是所有領域應有的道義。這本書從文字開始，以寫圖片說明告結，想到的就是這些話。

2009年1月18日老虎尾巴

世紀映像叢書

世紀映像叢書

世紀映像叢書

世紀映像叢書

世紀映像叢書

國家圖書館出版品預行編目

蠹魚篇 / 謝其章作. -- 一版. -- 臺北市：秀
　威資訊科技, 2009.07
　　面；　公分. --（語言文學類；PG0256）
　BOD版
　ISBN 978-986-221-244-8（平裝）

1.私家藏書　2.書業　3.文集

029.808　　　　　　　　　　　98009942

 語言文學　PG0256

蠹魚篇

作　　　　者 / 謝其章
主　　　　編 / 蔡登山
發　行　人 / 宋政坤
執 行 編 輯 / 藍志成
圖 文 排 版 / 鄭維心
封 面 設 計 / 李孟瑾
數 位 轉 譯 / 徐真玉、沈裕閔
圖 書 銷 售 / 林怡君
法 律 顧 問 / 毛國樑　律師
出 版 印 製 / 秀威資訊科技股份有限公司
　　　　　　　台北市內湖區瑞光路583巷25號1樓
　　　　　　　電話：02-2657-9211　傳真：02-2657-9106
　　　　　　　E-mail：service@showwe.com.tw
經　銷　商 / 紅螞蟻圖書有限公司
　　　　　　　台北市內湖區舊宗路二段121巷28、32號4樓
　　　　　　　電話：02-2795-3656　傳真：02-2795-4100
　　　　　　　http://www.e-redant.com

2009 年 7 月　BOD 一版
定價：340 元

讀 者 回 函 卡

感謝您購買本書，為提升服務品質，煩請填寫以下問卷，收到您的寶貴意見後，我們會仔細收藏記錄並回贈紀念品，謝謝！

1. 您購買的書名：_____

2. 您從何得知本書的消息？

　　□網路書店　□部落格　□資料庫搜尋　□書訊　□電子報　□書店

　　□平面媒體　□ 朋友推薦　□網站推薦 □其他_____

3. 您對本書的評價：(請填代號　1.非常滿意 2.滿意 3.尚可 4.再改進)

　　封面設計____　版面編排____　內容____　文/譯筆____　價格____

4. 讀完書後您覺得：

　　□很有收獲　□有收獲　□收獲不多　□沒收獲

5. 您會推薦本書給朋友嗎？

　　□會　□不會，為什麼？_____

6. 其他寶貴的意見：_____

_____

_____

_____

讀者基本資料

姓名：_____　年齡：_____　性別：□女 □男

聯絡電話：_____　E-mail：_____

地址：_____

學歷：□高中(含)以下　　□高中　　□專科學校　　□大學

　　　□研究所(含)以上 □其他_____

職業：□製造業 □金融業 □資訊業 □軍警 □傳播業 □自由業

　　　□服務業 □公務員 □教職　　□學生 □其他_____

(請沿線對摺寄回,謝謝!)

秀威與 BOD

BOD（Books On Demand）是數位出版的大趨勢，秀威資訊率先運用 POD 數位印刷設備來生產書籍，並提供作者全程數位出版服務，致使書籍產銷零庫存，知識傳承不絕版，目前已開闢以下書系：

一、BOD 學術著作—專業論述的閱讀延伸
二、BOD 個人著作—分享生命的心路歷程
三、BOD 旅遊著作—個人深度旅遊文學創作
四、BOD 大陸學者—大陸專業學者學術出版
五、POD 獨家經銷—數位產製的代發行書籍

BOD 秀威網路書店：www.showwe.com.tw
政府出版品網路書店：www.govbooks.com.tw

永不絕版的故事‧自己寫‧永不休止的音符‧自己唱